D1730478

De lütt Bökerie

Anke van Tharau

und andere plattdeutsche Dichtungen
hochdeutscher Schriftsteller
von Simon Dach bis Herbert Nachbar

Ausgewählt und herausgegeben
von Wolfgang Müns

Mit Illustrationen von Dietrich Becker

Hinstorff Rostock

ISBN 3-356-00076-4

© VEB Hinstorff Verlag Rostock 1987
De lütt Bökerie 8
Printed in the German Democratic Republic
1. Auflage 1987. Lizenz-Nr. 391/240/23/87
Einband: Dietrich Becker
Herstellung: Grafische Werke Zwickau
Bestell-Nr. 522 845 5

00620

Simon Dach

Anke van Tharau

Anke van Tharau ös, de mi geföllt,
Se ös min Lewen, min Goet on min Gölt.

Anke van Tharau heft wedder eer Hart
Bi mi geröchtet än Löw' on än Schmart.

Anke van Tharau, min Rikdom, min Goet,
Du, mine Seele, min Fleesch on min Bloet.

Quöm allet Wedder glik ön ons to schlan,
Wi sin gesönnet, bi nen anger to staan.

Krankheit, Verfölgung, Bedröfnis on Pien
Sall unsrer Löwe Vernöttinge sin.

Recht as een Palmenbom äwer sök stöcht,
Je mer en Hagel on Regen anföcht.

So wart de Löw' ön ons mächtig un grot
Dörch Kriz, dörch Liden, dörch allerlei Not.

Wördest du glik eenmal van mi getrennt,
Leewdest dar, wor öm de Sönne kum kennt:

5

Eck wöll di fölgen dörch Wölder, dörch Mär,
Dörch Is, dörch Isen, dörch fendlöcket Här.

Anke van Tharau, min Licht, mine Sönn',
Min Lewen schlut öck ön dinet henönn.

Wat öck geböde, wart' van di gedahn,
Wat öck verböde, dat latstu mi stahn.

Wat heft de Löwe döch ver een Bestand,
Wor nicht een Hart ös, een Mund, eene Hand?

Wor öm söck hartaget, kabbelt on schleit,
On glik den Hungen on Katten begeit.

Anke van Tharau, dat war wi nich don,
Du bist min Difken, min Schapken, min Hohn.

Wat öck begehre, begehrest du ock,
Eck laht den Rock di, du lätst mi de Brok.

Dit ös det, Anke, du söteste Ruh
Een Lif on Seele wart ut öck on du.

Dit mack dat Lewe tom hämmlischen Rik,
Dörch Zanken wart et der Hellen gelik.

Barthold Hinrich Brockes

*To der Surland- un Fürsenschen `Köste
wünscht een eerlik Dütscher wat, dat ji
lesen könt, wenn 't ju man beleevt*

Apollo mit der langen Peuß
Un sinen krummen Fiddelbagen,
Kaam, als ik satt up minen Steuß,
In mine Kamer hergeflagen:
De negen olen, wisen Süstern,
De seeten vör un achter em,
Un schrauden dör de groten Nüstern,
Mit aapnen Hals un luder Stimm':
Ik schull een Hochtieds-Carmen schriwen.
Nee, seed ik, och mien goden, goden Lüd,
Dat laat 'k bi miner Trü woll bliwen;
Laat mi doch darmit ungebrüdt!
Wat schall dat Rimen-scheren nutzen?
't is Tied verdarwen sekerlich.
De Kloken denkt, 't sünd schware Putzen,
Un dumme Lüd verstaat et nich …
Ja, wat noch tein maal duller is,
Wann ji ok niks davör begeret,
Meent ji, ji sünd drum meer ge'eret
Un angeseen? Oh, dat is miß!

Knapp, dat ju ener davör dankt.
Se leest't, leggt et bi sik nedder
Un fraagt davör, wat is 't vör Wedder?
Ja, leest 't nich ins, dat is de Krankt!
Un wenn ik 't sülfsten recht betracht,
Wat is er ok groot an to lesen?
Ji maakt, mit buukter Wörder Pracht,
Den kleensten Dwargen gliek to 'n Resen,
H. – – is küscher als Dian,
Een Backbeest heet en schöne Venus,
D. – – supt beter als Silenus,
Een Plier-Og schient als Sünn un Maan.
Wat helpt ju all dat sure Leegen,
Staffeert mit Fransch un mit Latien?
Wenn 'k doch de Lüde wull bedreegen,
Wull 'k leever noch een Schachrer sien;
So weet ik ja, worum ik slawe,
So werd mi noch de Moid betaalt;
Mân Phöbus, bloot! an juen Hawe
Ward schlicht geloont un stark gepraalt.
To Hamborg sünd wi Lüde klöker;
Wi danzt man, wenn de Dalers klingt;
Wi hefft den Hamer van de Böker,
De uns niks in de Börse bringt.
Ei, seed Apoll, wat 's dat vör Schnack?
Du schast un mußt poetiseeren.
Wullt du denn na dat dumme Pack
Meer als na mien Befehlen hören?
Wo, Slapperment, will dat henut?
Wullt du di mi towedder leggen?
Ik schweer – – – un hiermit was et ut,

He kunn vör Bösheit niks meer seggen.
Hadd enen do de Musen seen,
Wo se vor Dullheit queekt un piepten,
Wo jede draudt mit Hand un Been,
Wo se mi alltomaal anliepten,
De hadd forwaar als ik gedacht:
De Deerens möt mißmödig wesen.
Et weer en Larm, et weer en Jacht;
Erschrecklich trocken se de Näsen.
Ik neem mien Nachtmütz fründlik af,
Un seed: wo nu! wo nu to Rade?
Ji draut jo bald mit Dood un Graff.
Ik bidd ju, geeft ju doch to sade!
Ji speelt jo alto 'n hitzig Spill.
Dat is en iwrig Häsebäsen;
Woll is et denn, de fri'en will?
Dat mott jo 'n ganz Stück Kerels wesen.
Woll 't is? 't is Surland, säd Apoll,
De leevst un beste minér Sönen;
Du kennst en meer als also woll:
Wat schall 'k en di veel vör van drönen?
Du weest ja sülfst, wo klook he is,
Un wat he weet, wo he studeert hett,
Un wo he oft, ('t is gans gewiß!)
Woll ganze Nachten lukubreert hett.
He geit recht fast in sinen Scho:
Sien Corpus Juris un Statuten,
De weet he all van buten to,
Un de Rezessen ut der Schnuten;
He tröst de jammrigen Klienten,
De van Prozessen nimmer schwiegt,

So dat se oft Kaptaal un Renten
Dorch sien Suppliken wedder kriegt.
De kloke Fürsen mit Madam
Sach, dat em kene Gawen feelden,
Drüm se en vor den Brüdegam
Van erer schönen Dochter weelden,
Van erer Dochter, de gewiß
An Dögd un Schönheit sunder gliken,
Un so veel Nüdlichkeiten is,
Dat ok de Gratien eer wiken.
Dat is de Brögam un de Brud;
Da schast du lawen un be'eren.
Nu sprick du sülfst dat Ordeel ut,
Of se nich alles meriteren?
Herr Phöbus, ji sünd iwerig,
Seed ik; mi is recht angst to Mode;
Man 'k bidd ju, hoolt mi düt to gode,
De beiden Lüde laaw ik nich.
Ji würden seker alltodull,
Wenn ik se recht na Weerden römen
Un na Verdeensten lawen wull.
Up 't minnst mußt ik en Phöbus nömen;
De Bruud mußt ik veel klöker heeten
As all ju Musen in 't geheel.
Dat wurd ju alltoseer verdreeten;
Drüm schwieg ik, man ik denk mien Deel.
Doch is et mine Schuldigkeit,
Wat Angenämes jüm to wünschen,
Dat mi denn recht van Harten geit;
Man holt – ik finn keen Riem up – -ünschen.
Doch 't schaadt nich; dennoch faar ik foort

Un wünsch jüm so veel Glück un Segen,
As in düt Jaar sünd Drüppen Regen
Gefallen ut der Hemmelspoort . . .
Dem Brögam wünsch ik Kraft un Saft,
Dat he woll planten mög un geeten
Un dat ut düsser Gardnerschaft
Mögt lütje Grootpapakens spreeten! *
Der Bruud wünsch ik. wat wünsch ik eer?
Steets gode Daag bi goden Nächten,
Un dat eer Mann eer na Begeer·
Mag helpen alletied to 'm Rechten!
Ik haap, dat se, trotz siner Kunst,
Doch ward de Bedd-Prozessen winnen,
De se nu beid, ut Amors Gunst,
Noch woll ward düsse Nacht beginnen:
Un wiel de Bruud, als ik verwacht,
Woll nich veel up de Sied ward liggen,
So wünsch ik, dat eer kene Müggen
Mögt steken! Hiermit gode Nacht!

* De Musen weren so dumm un verstunden düssen Versch nich;
drüm expliceerde Apollo jüm den un sede, dat des Brögams Papa
Börgermeister in Hamborg west was.

Johann Heinrich Voß

Gedicht aus der Idylle
»De Winterawend«

Wat is 't doch för een quaddlig Ding
In Wall un Muur to läwen.
Drum hebb ik mi ok fiks un flink
Woll up dat Land begäwen.
As Landmann läw ick gans gewiß
Vergnögter, as de Kaiser is.

In Städern is nich Rist noch Rou,
Denn dar rumoort de Velten:
Et spält dar alles Blindekou,
Un noch dato up Stelten.
Ja, wat man hört, man süht, man deit,
Is Mismood un Verdreetlichkeit.

De Manns dar sünd so karg un knapp,
Sünd ole Pütjenkikers;
De Slötels gar to'm Ätelschapp
Versluten se, de Slikers.
Un gegen Kind, Gesind' un Fru,
Da geit et jümmer ba! un bu!

Der Wiwer Aard is: Laat upstaan
Un denn dat Geld verkladdern;

Denn gliek na Disch ut nawern gaan,
To lumbern un to sladdern.
Se straken ehr leev Mänken bloot,
Un gripen sachtjen na dem Hood.

Da wipsen se un schrapen ut,
De gladden Junggesellen,
Un weeten bi de Dammelbruud
Sik so verleevt to stellen:
Se smären eer up Fransch dat Muul;
Un snappt se to, so satt do 'n Uhl.

De Jumfern gaan so stramm un stief
Un süften denn un himen;
Se snören sik dat lütje Lief,
Dat se vör Angst beswimen.
Woto doch deent de Öwermood,
Denn kort un dick lett ok recht good.

Vörwaar, Matz Pump mit siner Tucht,
Schall mi nich länger drillen!
Ne, buten in der frischen Lucht,
Da hört man niks van Grillen:
Na Arbeid maakt de Slaap gesund,
Man itt un drinkt un juucht sik rund.

Un ward mi mal de Kopp to heet,
So kann ik 't Greeten klagen,
De eeren Hans to högen weet
Un is nich so vertagen;
Denn wenn ik smacke, buckt se bi,
Un lacht so leev, un trutelt mi.

Gedicht aus der Idylle
»De Geldhapers«

Jaapt nich so sehr,
Mien leew Kompeer,
Un snückert um de Deerens;
Se laten all
So nett un drall
Afsunderlich van fehrens.
Deels seen so fram un ehrbar ut,
Deels sünd so flink as ene Brud,
Mit Ögeln un mit Straken
De Keerls verleewt to maken.

En Deerensding
Hüppt um den Ring
Un deit so leef un aarig,
Man as se friet,
Du leewe Tied!
Wo ward se kettelhaarig!
De eersten Morgen heet et: fix!
Nim du de Schört, gif mi de Büx!
Sunst jag ik ut den Plümen
Di up den Hönerwiemen!

Doot Dag un Nacht
Ut aller Macht,
Wat se befählt un käkelt;
Doch warter wat,
Bald dit, bald dat,
Begnägelt un bemäkelt.

Da gnurrt un murrt dat Murmeldeert;
Se rümpt de Näs' un dreit den Steert;
Ja vaken kriegt ji Knüffel
Mit ehren spitzen Tüffel.

Drum gäwt Gehör,
Mien leew Kompeer:
Bliewt hübsch alleen im Neste.
Wol oft bedrügt
En rod Gesicht,
Brun Haar un witte Böste.
Eerst sünd se aller Framheit vull;
De Brudnacht makt se splitterdull,
Den armen Mann to brüden:
Dat mag de Kukuk lieden.

Philipp Otto Runge

Gedicht aus
»Fußreise in Seeland«

Still wöör de Nacht; de Vägel swegen.
Up steeg' de Dau im vullen Segen.
Dat eerste Licht blenkd' an de Drapen,
Do güng' de Döör des Himmels apen,
Un stünn' Aurora glyk in de Döör,
Vörbreided' üm sich 'n gollen Meer,
Blenkd' äwer den Woold, maakd' rood den Dau.
De Lewaark baad't sich in Lüchten gau;
Hell pypden un süngen de Vägelkens all'
Un laweden Gott mit ludem Schall,
De Spaarling, de Swäälk, de Lewaark am Häwen. –
Un de Nachtigal slait, dat de Twyge bewen.
De Grasmügg', de Hämpling, de Bokfink doorto,
Se juuchen un singen eenanner to.
Grashüppers un Kewers se ziss'en un brummen.
De Lüfte vom lustigen Lewen summen.
Ja allens mit enem enigen Geist
Lawet Gott den Herrn to allermeist;
Een Lewen de grote Welt döörbruus't.
De Huud uns vör Schreck un Wälichhait gruus't;
So wünscht sich de Mensch mit dem swankenden Sinn

Doch vörlangend in düsse Gesellschop in. –
Wy sprüngen up, un güngen henuut,
Un wüschen mit Water de Ogen uns uut,
Un segen den kloren Himmel an:
Nu ewen wull de Sünn' upgaan,
Und blitzd' to eerst tum Woold' heruut;
't wöör nich koold, doch schuderd' un grääsd'
                               uns de Huud.
De Wolken krüüs'den sich licht ümher,
Un wöölden sich in een fürig Meer. –
Wy segen uns an un segen henin,
Un wünschden uns, dichter doorby to syn.
In unsre Fründschop is ligt een Mann,
De süüt dat ook so un anners nich an.
Ik dach' an all' myn' Leewen hen,
De dyt toglyk mit uns muchden seen. –
Wy güngen 'n bitten noch up unde daal,
Un do glyk wedder in unsern Saal,
Trucken uns an un drünken Thee,
Betaalden den Weert un säden Adje.

Ludwig Giesebrecht

Ruhrsparling

Up de Wasch, an dat Waater hen kam ene Bruut,
Ruhrsparling was ok daar un schullt se wat ut,
He kam ehr so grov an, he satt in dat Ruhr
Un schimpt se un sär ehr, se wier jo 'ne Hur.
Dat hürten de Annern un hürten dat girn,
Daar weent nu ehr blodigen Tranen de Dirn.
De Bruutmann de sach dat un frog, wat se raart;
Nu wurd em de Saak, as se toging, verklaart.
»Ick will di wol faaten, du dösiges Ding!«
He haalt sich de Seiß vör un strek de un ging:
»Ick meih all dat Ruhr af, dat lütt un dat grot:
Ruhrsparling, Ruhrsparling, dat deit di den Dod!«
Ruhrsparling satt seker noch hinnen in't Ruhr
Un zackert: Du Schubjack, du dämliche Buur!
De Bruutmann de argert sich, let sich wat sehn
Un meiht in de Hast sich en Lock in dat Been;
Müßt humpeln naa Huus hen, dat wurd em so suur,
Un Ruhrsparling rackert un schillt in dat Ruhr.
Daar kam ok de Jäger, sach Traanen un Not,
Na, segt he, ick scheet doch den Ruhrsparling dod;
Stund lang up den Anstand, wo luurt he em up,
Bet Ruhrsparling utflog, dunn heel he daarup.

He drückt sin Gewehr af un dacht, dat he 'n har,
Man baaben em schreeg dat: du Mullworm, du Narr!
De Jäger to Nest un de Vaagel int Feld!
So kamen de Schelmen all god dörch de Welt.

Waatermöm

Rund üm dat Soll daar staan de Büsch,
Rund üm dat Oewer waßt dat Lüsch;
Dat Waater is just gaar nich groot,
Is öwerst deep as Höll un Dod,
Un unnen ligt un het ehr Drööm,
Dat glöwt mi man, de Waatermöm.
Ick ging in Schummring maal vörbi,
Dunn bört se sich un keek naa mi,
De Kopp sach heel un ganz herut
Un was ju upputzt as 'ne Bruut
Mit Mümmelkens schlowitt un geel
Un Post un Gras, wer weet wo veel.
Ji Jungens sünd nu all so klok
Un weten allt all buten Book;
Doot nich so unglöwsch un so wies,
Ick bün all old, min Haar sünd gries,
Un bet ji kaamen in mine Jaar,
Ward mennig en noch wat gewaar.

Ernst Moritz Arndt

Van Friedrich Arndt un Polluce un van Hunden un Katten

Min seliger Broder Friedrich Arndt, as he van Jena kam, wo he drei Jahr studieren leert hedd, bröchte sick eenen swarten Pudel mit to Hus, de wurd mit dem vörnehmen Namen Apollo ropen. Un de Hund, wiel he mit sinem Herrn up Akademien un Ulensversteten west was, hedd sick allerlei Besünnerliks annahmen as de annern Studenten un kunn gar possierliche Künste. Tom Ersten verstund dat studeerde Deerd alle Künste to maken, de in sinen Dagen man de allerklüftigste Pudel kunnt hedd, äwerst sine höchste Kunst was, dat he singen kunn fast äwerminschlich un mehr as een Minsch, lustig edder trurig, sacht edder lude, fort recht up't Kommando. He deed dat äwerst nich för jedweden no tu jeder Tid; wenn he sehr hungrig was, denn ging't em licht un hell ut der Kehl, as de Kugel ut der Pistol, as man im Sprickwurt seggt: »Hungrige Musikanten spelen un hungrige Vägel singen am besten.« Min Broder Fritz äwerst un Apollo vörstunden eenanner up'm Pricken, un wenn he sede: »Apollo sings!« edder: »Apollo sing's lude! sing's fin! sing's zärtlich! sing's kläglich! sing's verliebt!« so stimmde de Pudel sine Saiden, datt de Lüde sick verstaunden un de Händ äwer den Kopp tosamslogen un meenden, et were Töweri. Min Broder Fritz, as he sin Studieren utleerd hedd, was noch eenen Sommer bi userm seligen Vader to Löbnitz bi Barth, eh'r he dat Advocatenhandwark angrep. He was van Natur een lustiger un upgerömter Sell, de so sine heel egne Art hedd un nich was, as de meisten Lüde sünt, un de an veelen Dingen Gefallen un Erlustigung fund, de annern ring un kleen düchten. Un as he sülwst afsünnerlich was un van heel egnem Getierde, söcht he sick ook jümmer snurrig Volk ut, womit he vörkehrde, meist sülke, de van annern Narren nömt wurden; he sede äwerst, dat weren de Wisen, un de se Narren schüllen, de schull man insperren, so würd et lustig in der Welt hergahn. In Jena, wiel he sodanig Volk gern upsöchte, kreeg he deswegen van sinen Fründen den Namen de Narrenkönig. Hier fund he sick nu ook bald sine Lüd herut, un de weren Smitt Mierk in Löbnitz un Jochen Eigen to Kindshagen. Äwerst am dicksten was sine Fründschaft mit Jochen Eigen, mit dem he oft in der Schün un hinner'm Plog tosam was. Se vörtellden sick mennige snurrige Fabeln un Geschichten, un ob se sick unnerwielen nich ook wat vörlögen, will ick nich vörsweren. Äwerst dat is eenmal wahr, so leef Jochen Eigen minen Broder hedd, to dem singenden Apollo kunn he keen Hart gewinnen un helt sick 'n gern een paar Schritt vam Liwe: denn dat Deerd kam em gar to klok vör. Ick bün mal dabi west, un de Geschicht was lustig nog. Fritz un Jochen kabbelden sick miteenanner, wat de Ossen und Perde, de vör en im Grase gingen, woll seggen würden, wenn se spreken künnen; de Pudel äwerst stakte herüm im Felde un besnüffelde alle Mullwörmshöp un Muslöcher. Don reep sin Herr em to: »Polluce! Polluce! hier allart!« un de Hund störtede heran. Un Fritz nam een Stück Brot ut der Tasch un sede: »Richt't euch!« un de Pudel stund stra da so grad as een Schott ut der Büß. Un darup klung et: »Sing's fine! sing's finest, Apollo!« un de Hund musizierte as eene Nachtigall. Jochen Eigen hedd dat Kunststück noch nich sehn an dem Hund, un he vörfierde sick äwermaaten, un sprung up un nam Ritut, as wenn em de Kopp brennde. Un alle Lüde lachten, un Fritz lacht ook un reep Eigen to: »Eigen, wat Düwel ist dat? Plagt he Ju edder ritt he Ju? datt Ji bi hellen Dag Spökels seht? Kehrt doch wedder üm! Kennt Ji denn den Apollo nich?« »Ja, Herr, Spökels, woll Spökels«, sede Eigen, »un den Apollo hew ich ook wohl sehn; äwerst disse Hund dat is een Hund, ick dör't nich seggen. Wat för een Beest! pick- un rawenswart, nich een witt Haar hett de ruge Zatan. Herr, kiek He em mal ordentlich in't Witte van den Oogen, un He ward et woll gewahr warden, wat et damit is.« Un Fritz reep dem Jochen un alle Lüde reepen em un beden em, he schull doch wedder kamen, äwerst he truwede dem Freden nich un gapte un glurde mit glasigen Oogen up den Hund, as wer't een Töwerer un Hexenmeister edder de Swarte sülwst west. Un sit der Tid was Jochen nich to minem Broder herantobringen, wenn de Pudel mit was. Un dat hulp nich, wull he mit Jochen praten un kallen, he müßt sinen Apollo to Hus laten.

Un een paar Weken darachter, as de Lüde to Löb-

nitz Ahrenklatsch hedden, satt ick un min Broder
Fritz mit Johann Geese un Jochen Eigen un Smitt
Mierk alleen in eener Stuw un vörtellden uns bi eenem
Kros god Bier allerhand Geschichten. De Pudel was
erst nich dabi. Ick fung äwerst ut freien Stücken van
em an un wull hüren, wo Jochen Eigen sich dabi tieren
würd. Un bald klung't ut em herut: »Ja, Herr, ick
segge so veel, Herr, min Moder hett mi jümmer seggt,
mit Veh, dat eegenklok utsüht un still swiggt un nich
mit eenem spreckt, schall de Minsch sick nich inlaten,
denn da steckt wat achter. As ick noch en lütt dumm
Jüngken was un to Starkow in de School ging, hedd de
Schoolmeister – dat was de Köster Smoltpenning – ee-
nen groten Kater, een prächtiges Deerd, pickswart
mit vier krietwitten Föten. Un dat was besünners,
wenn wi des Morgens, wenn de School anging, süngen
und bed'den un wenn wi des Sünnabends dat Sündags-
evangelium utwendig upseggen müßten un denn up-
stunden un de Mützen afnehmen un de Händ folde-
den, sprung de Kater jümmer up den Stol achter dem
Kachelawen un richtete sick up gegen dem Köster
äwer un stund gar keck un karmänsch da, un kek äwer
de Lehn dem Schoolmeister grad in de Oogen, un vör-
dreihde de Oogen schier as he, un tierde sick, as vör-
stünd he ook wat van Gottes Wurt. Un da was een
Jung mank de annern, de was sehr quick un klok, un
de hedd et dem Kater afmarkt, un sede eenmal tom
Köster: »Herr Pissetter süht He woll, wo de Kater
wunnerlich da steit, as verstünd he Gotts Wurt un wull
ook mitsingen un beden; sine Hände to folden dat
ward em äwerst nich swer.« De Schoolmeister, as he

28

dat hürde, sach den Kater nipp an un jagde en ut der Stuw un ut dem Huse. Äwerst nah eenem Stündken was de Herr Urian wedder da un stellde sick wedder up grad as tovör, wat de Schoolmeister süs noch nich markt hedd. Un de olde Mann gaff nu genau acht, un as de Kater sine Vörföte tosam lede up der Stollehne un mit dem Kopp schüddelde un de Oogen vörkehrde, as he des Schoolmeisters Oogen to Häwen gahn sach, don reep he: ›Kinder, dat geit nich mit rechten Dingen to, un de gnädige barmhartige Gott si bi uns un lat mine Hand et gelingen!‹ Un he segnede un krüzte sick un denn sprung he to un nam den Kater und sette em an de Erd un lede den rechten Arm an sinen Stock un gaff dem swarten Hexenmeister eens, dat he alle viere van sick streckte un nümmermehr Gotts Gebeder nahapte.

Ditt was de Smoltpenningskater, un wo veel künn ick noch van Katten vörtellen. Nümmer würd ick eenen swarten Kåter in minem Huse liden. Wetst du noch, Jochen Gees, eene olde Fru Pasturin Mildahn, de in Hanshagen bi dem Haidrider to Horst wahnde – dat was di eene lustige Kattenwirtschaft. Woll een Dutzend van dissen leidigen Krummpuckeln hedd de olde Fru um sick spelen edder se spelden mit ehr. Äwerst wat nam ditt Spill för een End? Eenes Dags satt de Oldsche vör dem Spegel un puderde sick, un een Kater satt bawen ehr up dem Schrank, un as de Schelm dat olde Wif den Puderpüster hen un her swengen un mit sinen Zitterungen vör sick flunkern un dör de Lucht bäwern sach, da käm em de satansche Speldüwel in't Oog, un he sach witte Müs dör de Lucht flunkern – un bumps satt he der Oldschen im Haar un hedd sick dabi an eenem Oog so verkeken un vergrepen, datt et blodig an der Erd lag. Nu was Not, Angst un Geschrei, de Magd leep herbi, de Förster kam mit sinen Jungen, un ehr Fru Mildahn sick besinnen kunn, was de Mordkater mit all sinen Kamraten doot. Äwerst de olde terretne un blinde Fru künn sick nich trösten, nich äwer ehr utgereten Oog un tersplеten Gesicht, sünnern äwer de dooden Katten. Un se winselde un jammerde säwen Dage, as wenn se eene Moder van den armen Kindern van Bethlehem west were, de de Köning Herodes vermorden let, un denn deed se ehr letztes Oog to un folgde ehren Gesellen. So hebben de olden bunten leidigen Hexen se achter sick halt. Un doch gult se för eene frame Fru, de flitig tor Kark ging un keenen Armen unbeschenkt vör ehre Dör vörbigahn let. Wat schall een Christ davan denken?

Darüm, wenn ick ditt van den Katten un van mennigem annern Düwelstüge, wo de vörkappte Kreatur mit den Minschen spelt, bedenke, will ick't man gradut seggen: Wenn de swarte Pudel min were, ick weet woll, wat ick deede. Nu ick mütt dem Herrn ook eene Geschicht vörtellen van eenem annern swarten Pudel. De hett et ook gar prächtig maken künnt mit Such, verloren! un Geh zu Wasser! un Sing's feine! äwerst tolest is de Trurmusik nahkamen, de hett klungen Geh zur Hölle! Sing's Höll und Teufel! Pfeif' ein höllisches Feuerlied!

Im Lande Rügen nich wiet van de Olde Fähr, etwa eene Mil vam Sunde is een Karkdörp, dat het Poseritz.

30

Da wahnde mal een riker Smitt un de hedd ook eenen swarten Pudel, de kunn Künste, wogegen disse Apollo Poluce, wo deep he ook studeert hett, doch man een Kind is. Dat Deerd was to sinen Künsten so klook un haselierig, datt de Smitt, de mit siner Smed enen Krog helt, dat Hus jümmer vull Lüd hedd. De Pudel was so god, as hedde de Mann alle Dag Poppenspill edder eene heele Bande Kumödiganten im Huse hett. Dat gaff schöne Penning un klung hell in den Büdel herin, äwerst o weh! wo hett et toletzt för de arme Seel klungen! De Kröger wurd een riker Mann dör sinen Pudel, denn alle Lüde drögen em dat Geld to un wullen den Pudel sine Künste spelen sehn. Se seggen, de Pudel wahnde nich egentlich bi dem Smitt. Denn des Dags hett man em da nich sehn, man in der Schummering kam he un bleef bet in deepste Nacht. He was äwerst een van de höllischen Schatzwächters ut den Bargen bi Gustow, worunner de olden Heiden mit ehren Schätzen begrawen liggen. Un da müßt he des Dags unner der Erd liggen un üm de Middnacht as Wächter herumwedeln. Un he mag dem Kröger woll jeden Awend een paar Dukaten in den Poten mitbröcht hebben. Denn de Kröger wurd in weinigen Jahren een steenriker Mann un buwede sick sinen Krog torecht as de Poseritzer Propost un Eddelmann un köfde sick eenen Morgen Land äwer den annern. Äwerst wo leep ditt lustige Spill toletzt henut? So rückt alle vörbadene Lust der Minschenkinder to Anfang as Liljen un Rosen, äwerst ehr Ende het Gestank. De swarte Nachtwächter bleef weg un kam nich mehr in't Hus. Un de Smitt was ängstlich un verstürt, un de Gäste fragden nah dem Hund. Denn sede de Smitt, man mütt mi den Hund stahlen hebben edder ook hett een Deef en doodslagen un ingrawen. Doch was dem armen Kerl nich woll üm't Hart, un he sach gar nüsterbleek un bedröwt ut; so datt de Lüde nich begripen kunnen, wo een vernünftig Minsch sick äwer een unvernünftig Deerd so grämen künn, un allerlei bunt Geredc drut cntstund.

So weeren een paar Weken vörleden; un eenen Sündagawend, as de Kröger mit veelen Gästen üm den Disch satt un Karten spelde, hürden se wat dör de Luft susen un gegen dat Finster slan, un en düchte, dat was een swarter Pudel. Un allen kam een grausamer Gruwel an un se mügten nich upkieken gegen dat Finster. As se sick äwerst wedder een beten besunnen hedden, sproken se lang daräwer, de Kröger äwerst satt still achter dem Awen un let den Kopp hängen. Un se foppten sick toletzt unnereenanner, wer woll dat Hart hedd heruttogahn un to sehn, wat da were. Un een Snider nam sick de rechte Sniderkrauwagie un begehrde eenen Gesellen, de dat Aventür mit em wagen wull. Un et fund sick eener to em, un se gingen in den Garden, wo dat Finster herutging, un süh! da lag een dooder swarter Pudel, den de Snidergesell recht god kennde. Un se meenden nu all, man hedde dat dem Smitt tom Schabernack dan, wiel de Pudel em as een güldnes Hohn was, un een Fiend un Schelm hedde den dooden Hund so gegen dat Finster smeten. Un se gröwen een Loch an dem Tun un leden den Pudel darin un sett'ten sick darup wedder tom Spill dal. Äwerst de Smitt satt achter dem Awen un sede keen

Starwenswurt un was sehr trurig. Un as se wedder van besten Künsten de Karten flegen leten un uttrumpf-den, fung dat buten wedder an to susen un to brusen, un kling! sede dat Finster, un de Pudel flog äver den Disch un föll in de Stuw dal, un de meisten Gäste, de üm den Disch seten, föllen vör Schreck van den Bän-ken un krüzden un segneden sick. De tappre Snider-gesell, de een Hart hedd gröter as sin Natelknoop, nam den Pudel un smet en tom Finster herut; un de Gäste nehmen ehre Höd van der Wand un makten sick up de Beenen. Un knapp was eene halwe Stund vörgahn, da sede dat wedder kling! un de Pudel föll tom tweetenmal in de Stuw. Da lag he bi dem bedröw-ten Wirt bet an den hellen lichten Morgen, denn de arme Minsch bleew alleen sitten un Fruu un Kinder un Gesellen weren to Bedd gahn. As äverst de Sünn up-ging, was de Pudel weg un keen Minsch wüßt, wo he stawen un flagen was. He hedd äverst eenen grausa-mern Gestank as dat schändlichst Aas nah sick laten. Un up desülwige Wis is dat Greuel düslingto alle Nacht dörcht Finster edder dörch de Dören ja dörcht Dack un de Wänd flagen; un hulpen keene Breder un Rigel, un ick löw, he hedd sinen Weg dörch Stal un Demantsteen braken. Se gingen hen un begröwen den Hund mit grotem Staate, se brukten Segen un Bespre-ken äver siner Gruft – alles umsüs: he kam jümmer wedder. De arme Smitt grep to un makte sick eene an-nere Stuw torecht, he tog ut bawen herup in een Stüw-ken unner de Auken, he meende sick to vörsteken; äverst de Pudel hedd em eene to fine Näs, jümmer flog he herin, wo de Smitt was. Nu ging dat natürlich to, dat Krog un Smede bald leddig un vörlaten stunden un datt de Smitt mit Wif un Kindern un mit dem aasigen stinkenden Pudel eensam un alleen sitten un truren müßte. Wat deed de arme Mann toletzt? He ging to un vörköfde alles, Smed un Krog un Acker un Garden, un tog van Poseritz weg. Un dem Mann, de dat Hus van em köft hedd, let de Pudel ook keene Rauh un he kunn nich eher ruhig slapen vör all dem Gesuse un Gebruse un dem Günsen und Krassen, dat et des Nachts bedref, bet he dat Hus afbraken un an eener annern Stell wedder upbuwt hedd. Don week de Düwel van em, äwerst van dem armen Smitt week he nich. Disse hedd de Lade vull Dukaten un wull een Eddelmann warden un köfde sick eenen schönen Hoff, de Üselitz het. Äwerst wat Eddelmann un Dukaten! dat ging all to End mit em. De Pudel tog mit em in sin Eddelmannshus un husierde so arg, dat keen Knecht edder Magd bi dem jungen Eddelmann bedarwen kunn. Toletzt satt de arme Smitt mit Fru un Kindern un mit all sinem Rikdoom heel vörlaten da. Un as de Bös em lang nog ängstigt hedd up Erden, hett he em in eener Nacht den Gnadenstot gewen. Et was eene schöne stille Sommernacht, keen Blitz un keene Lüchting to sehn, keen Lüftken dat im Rohr spelde, da hebben de Nawers, de üm Üselitz wahnen, plötzlich een gewaltiges Für upstigen sehn, un in eener halwen Stund is alles, alles, Hus un Hoff un Minschen un Veh un de Smitt mit den Sinigen un mit sinen Düwelsgolde, to Stoff un Asch vörbrennt west un hett man nümmer keene Spur van em sehn. Äwerst een Mann ut Mölnitz, de tom Löschen tolopen was, hett eenen

swarten Pudel sehn, de mit greulich glönigen Oogen
dör den Garden un Busch wegstrek un noch lang grä-
selich hülde. So hült de Satan vör Froiden, wenn he
arme Seelen vörslingen kann. – Un dat was ook eene
Pudelgeschicht, un wat seggt de Herr nu to sinen swar-
ten Apollo Sing's fine!«

Un Herr Fritz lachte ut vullem Halse, doch sach he
dabi gar possierlich un vörsiert ut, as wenn em wat in de
Borst schaten was. Denn Jochen Eigen schull ook mal
sinen Spaß hebben. Äwerst nu nam Meister Mierk dat
Wurt, schof sine Mütze een paarmal up dem Kopp he-
rüm, kloppte de Asch ut siner Pip un sprak also:

Paulmann un de Hester

De Herr schall nich so lachen äwer Jochen sin Pudel-
stückschen: de Düwel het doch sin bunt Spill mit der
Welt un packt de Minschen in mennigerlei Wis an un
as de finste un listigste Potentat, de ook de Listigsten
den Rahmen aftolopen vörsteit un dörch alle Slätellö-
cher un Gartenlöcher den Deefsweg findt un is nich
god Kirschenplücken mit em. Un mit den Kreaturen
schall de Minsch miner Seel nich to veel spaßen, veele
davon sünt wahr un wahrhaftig man vörkappt un ut-
kled't, un man wet nich, wat darachter steckt, un men-
nig Minsch spelt un dalt mit sinem Pudel un Kater un
wet nich, wat för een Spill Hund un Katt mit em be-
drift. Dat hebben wi jo noch vör eenem halwen Jahr
sehn an dem Katenmann Paulmann. De was ook allen

Lüden to klok un wull jümmer sinen besünnerlichen Weg gahn, un een Vagel hett em toletzt kaput makt, een lütter, elendiger Vagel, de Hester heet. Un ick will ju't vörtellen, wenn ji't to siner Tid nich hürt edder wedder vörgeten hebbt.

Eener van de Nawers, Johann Veelhaber, was starwenskrank, un se wüßten keenen Rat mehr, denn em was de Borst ganz beklemmt un de Atem wurd em to knapp. Da kam een Mann, de sede, in Damgarden were een Schinner, de hedd eene herrliche prächtige Salw, de an mennigen gefährlichen Borstkranken all Wunder dan hedd. Se schüllen schicken un van der Salw köpen un dem Kranken de Borst damit bestriken; dat würd woll helpen. Un de Herr gaff uns een Perd to dem Ritt, un Johann Paulmann wull de Bad nach Damgarden sin; un he snallde sick Sparen an un zuckelde lustig up Martenhagen to un so wieder in de Welt henin. Un he was des Morgens heel tidig utreden, un de swarte Nacht brack herin, un he kam jümmer nich to Hus, un doch was't van Löbnitz bet Damgarden man twee gode Mil. Un alle Nawers verwunnerden sick, datt he nich wedder kam, un dachten, em were een Unglück begegnet. Toletzt kam he doch noch in der deepen sinkenden Nacht un bröcht de Salw mit. Äwerst, o Herr Gott! wo sach de Minsch ut! Ganz bleek un vörbast un kunn kum spreken un van sinen Warf Besched gewen. Un as se em frögen, wat em fehlde un worüm he so bleek un verstürd utsege, süftede he gar swar ut deeper Borst un sede: »Mit mi is't vörbi, gaht man hen un bestellt dat Graf.« Se frögen en wider un he vörtellde: »Mi is't gar wunderlich

gahn up der Reise. As ick van Damgarden torügg kam un bi dem Krog vörbiret, den se de kahle Teew schellen, dicht vör'm Martenshäger Holt, flögen veele bunte Vägel in groten Schowen üm mi, so veele, as ick all min Lewdag tosam nich sehn hedd, un se swarmden üm mi un schrejekten in der Luft un schockelden sick mit ehren Flüchten up den Twigen. Un mi wurd gar wunderlich tomod un ick kreg mit eenem Mal bi hellem Dage sonnen Gruwel, datt mi't grön un geel vör den Oogen wurd, un ick nich weet, wo ick dör't Holt kamen bün. As ick nu up't Löbnitzer Vörbeet kam, wo de grote Widenweg anfängt, scheen de Sünn noch hell an dem Himmel, wull äwerst ball unnergahn. Un all de Vägel weren nu wegflagen, äwerst ick sach twee bunte Hesters in der ersten Wid sitten un se segen gar afsünnerlich ut, un mi düchte, se winkten mi to un spröken miteenanner, as wenn twee Minschen tosam spreken. Un min Perd stunn still, as wull't sick ook wißseggen laten, un de eene van den Hesters flakkerde mit den Flüchten un sparrde den Snawel up un reep mi an mit luder Stimm: ›Paulmann! Paulmann! wo wist de hen?‹ Un ick vörschrack un vörwunnerde mi un kunn keen Wurt utluden. Un de Hester deed wedder sinen Snawel up un reep noch luder as tovör: ›Paulmann, du müßt starwen un liggst nah acht Dag in der Erd, Veelhawer äwerst geit denn wedder achter sinem Haken.‹ Un don ging alles mit mi rund und wurd mi düster vör den Oogen un ick künn den Weg nich finnen, un et kam mi vör, as wer ick up eener widen wilden Heide un as were de Sünn weg un de Widen un de bunten Hesters. Un so bün ick woll vier, fiew Stun-

den ümherbistert un hebb denn doch de Widen wed-
dersehn. Un don weren de Hesters ook wedder da un
stimmden dat olde Leed van nüem an: ›Paulmann!
Paulmann! du müßt starwen!‹ Un dat Perd strüwede
sick un wull nich vörwarts. Un up wat Wise ick tolest
to Hus kamen bün, dat weet ick nich, äwerst datt ick
een dooder Mann bün, dat weet ick woll.«

Un wi wullen em dat ümsüst utreden, äwerst he
sunk up de Benk hen un wurd doodenbleek, un se
bröchten en to Bedd as eenen Kranken, un den drüd-
den Dag was he eene Lik un den säwenden Dag lag he
up dem Kenzer Karkhoff. Äwerst dat hedden de He-
sters ook nich lagen: bi Johann Veelhawer slog de
Damgarder Salw an, un as se Paulmann begrowen,
ging he all wedder achter sinem Ossen im Felde.

»Ja, de Hester is een slimmer Vagel«, sede Jochen
Eigen; »man schall egentlich keenem Vagel truwen,
de eenen swarten edder swartbunten Rock anhett,
ook keenem swarten Hohn, wenn't nich geele Föt
hett. Darüm is de swarte Drossel to liden mit den gold-
geelen Föten un is een fründlicher Vagel, hett eene
söte Stimm un een god christlich Gemöt. Min Vader
wüßt davan eene Geschicht to vörtellen, de was sehr
trurig. Achter der Kark in Starkow, wo nu dat Köster-
hus steit, da wahnde enmal een Wewer. De Wewer
hedd eene schöne Esch vör der Dör stahn, eenen gra-
den hogen Boom, so glatt un schier, datt de flinkste
Matros nich herupklattert were. Up dissem Boom
hedd seit veelen Jahren een Hester sin Nest, un de
Wewer in sinem dummen Sinn hegde den Vagel un
meende, he schull em Glück bedüden, un is doch een

Hexenvagel, as alle Welt weet, un darüm süht man en
mit Ulen un annerm son Tüg van vernünftigen Lüden
so oft an de Schün- un Perdstalldören nagelt, datt he
mit sinem Gesicht de olden Wederhexen afmöten un
wegjagen schall. Äwerst de arme Narr de Wewer helt
grote Stücke up den Buntjack un smet em oft Stücken
Kes und Fleisch un Maddiken hen, wenn he sine
fründlichen Düwelssprünge vör em makte; un he
froide sick, wenn de jungen Hesters ut der Esch up
sine Kirschen- un Appelböm flögen, un meende Wun-
der, wat de lustigen Schreier un Wipper vör Ungezie-
fer un Unsegen van sinem Garden un Bömen wegjag-
den. Äwerst o du armer Däsejapp! Eenmal was he mit
eenem Stück Linnen äwer Land gahn un sine Fru grof
in dem Garden un de Kinder spelden vör der Dör,
eene lütte Gär van söben Jahr un een Jüngelken van
drei Jahr. Un de Moder, as se wegging, hedd dem lüd-
den Mädeken seggt, se schull ehr Brödign god in acht
nehmen, bet se wedderkeme. Un de Kinder spelden
im Sünnenschin vör der Dör un sammelden sick Steen
un plückten sick Blömer; un eene Kluck mit ehren lüt-
ten Küken speelde ook im Grase, un de Dingelken
fludderden mit ehren Feddern un spreideden se gegen
de warme Sünn ut un weren gar lustig. Da plagde de
Düwel de olde Hestermoder, un se kam herunner un
snappte drei, vier Küken up un gaff se ehren Kindern
to spisen un att sülwst ook eens, un de jungen Höhner-
kens smeckten en gar söte. Un as se satt weren, hedde
de olde Hester noch nich nog un sprung un hüppte üm
de Küken herüm un hackte eenem paar van en de Oo-
gen ut. Un de Küken mit den bloodigen Oogen kun-

41

nen nich sehn un dreihden sick rundüm, as wenn se düsig weren. Un de Hester froide sick un krachte, un de Kindikens stünden dabi un segen, wo besünnerlich de armen Küken ehren Danz helden. Un as de lütte Dern de Küken mit den bloodroden Oogen sach, dünkte et ehr gar lustig, wo se sick dreihden un danzten un wo de Hester mit sinen bunten Gesellen jümmer tüschen danzte; un dat arme behexte Kind kunn sick nich holden un müßt een Metz nehmen un sinem Bröderken ook een Oog utsteken, datt he ook so mit roden Oogen rundspringen künn. Un de lütte Jung schriede ludes Halses, as se em dat Oog utstak, un de Küken schrieden nu ook veel luder mit drinn un de Kluck un de Hesters. Un de Wewersche kam up dat Geschrei ut dem Garden gelopen un sach den Jammer mit den Küken un dem lütten Jungen. Un se frog dat Gär, wat mit Bröderkens Oog schehn wer? Un dat Kind vörtellde: ›De Hester pickte den Kükelken Oogen ut un se danzten un küselden sick so lustig herüm, un he hüppte lustig mank en, un mi düchte, se sede to mi: Do dinem Brödign ook so, un süh, wo lustig he danzen ward. Un ick nam dat Metz un stack em dat Oog ut; un hedd he nich so barmhartiglich schreit, ick hedd em dat anner Oog ook utsteken.‹

Un de arme Fru was sehr bedröwt. Un as de Wewer to Hus kam, terstörde he dat Hesternest un schoot de Hesters doot un smet se dem Kater vör de Föt, de een flinker Vagelplücker un Fedderleser is, un de schöne Esch müßt ook herunner! he kunn den Boom nich mehr vör Ooogen sehn. Un sither sünt nümmer Hesters in Starkow sehn worden.«

Un Johann Geese sede: »Ja, dat is son egen Ding mit den Vägeln. Da sünt darunner, de wunnerliche Kappen un Mäntel dregen, as de Ulen, de Nachtrawen, de Hesters un vör allem de Blagfööt – o davon künn ich Geschichten vörtellen – de Blagfööt! de Blagfööt!« Un as he datt sede, wurd Jochen Eigen bloodrot, sprung up un leep weg. Un de annern wunnerden sick un Geese lachte un sede wieder: »Ja, de Blagfoot! de Blagfoot! davan hürt Jochen nich gern vörtellen. Dat het so sine egne Bewandtnis. He hett mi't sülwst veelmals vörtellt, as wi noch junge Sells weren, äwerst de Nam steckt em doch jümmer een beten in't Hart. Ji hewt woll hürt, datt se en oft Eddelmann nömen; wobi he jümmer bös ward. Äwerst et is keene Fabel, sine Vörväder sünt im Lande Rügen rike Herren un Eddellüde west, un vör langen, langen Tiden, noch lang vör dem groten Köning Karolus, hett een Herr van Eigen lewt, de wahnde in eenem prächtigen Slott un was äwerminschlich un grausam stolt un hart un hedd äwen so stolte Kinner. He was een rechter Unminsch, let de armen Lüde mit dem Bedelsack mit Hunden van sinem Hawe hitzen un hedd eenen Knecht, de sick in sinem Holt eene junge Eek to eenem Pitschenstel sneden hedd, sine scharpen Sparen so lang in de Sid stött, bet he dood was. Un sine Döchter hebben't mit ehren Jumfern äwenso makt. Wenn se en de Kleder antehn un se putzen un en de Haar kämmen un torechtleggen schüllen un irgend wat nich nah ehrem Sinn un dullen Kopp makten, hebben se de Haarnateln nahmen un den armen Mäken se int Haar drewen, datt dat Blood darnah drüppelde, un en mit dem Kamm de Backen terreten, datt de armen Dinger utsegen, as wenn se in eenem Hahnengefecht west weren. Äwerst ditt unchristliche Türkenregiment hett ook sin End funden. De wilde Sparensriddermann hett mit siner Wildheit un mit Spill un Wiwertucht so dulle Wirtschaft drewen, dat sin prächtig Slott un all sin God an frömde Lüd kamen is, un he un sine bösen Döchter, de Nadelfräulen, sünt vörswunnen un vörschollen, un hett nümmer een Minsch van en hürt. Äwerst de Nawers ümher munkelden un vörtellden, se weren gar nich so wiet; se glöwden, se weren all in Blagfööt vörwandelt, un hedden dat as een Markteken un Wahrteken sehn, datt üm sin Slott veele Winter jümmer drei, vier Blagfööt bet in den Hoff un in den Garden flegen kemen, da Müse to söken, wo se sünst Braden un Pasteten freten hedden. Ditt was äwerst ganz un gar gegen de Wise van den Blagföten, de sick sünst jümmer up dem widen rumen Felde to holden un den Minschen un Hüsern nich nahtokamen plegen. Un van des olden grimmigen vörwandelden Slottridders Kindern is man een Sähn unner den Minschen blewen, un is as een ganz arm un kleen Minsch storwen, un de Grotvader van unsem Jochen was all een Bur in Wobbelkow, de den Swerinen to Löbnitz tohörde un hier in Kindshagen as Inligger storwen is. Un disse un sin Sähn, de een riesengroter starker Kerl was, hedden noch ehre dullen un wilden Nücken van dem olden Slotteddelmann Blagfoot, vörwegen grotmödige äwerdadige Kerls. Unser Jochen is de erste tamme Eigen, een sachtmödig un fram Minsch un de Junker schient in em utgeblasen to sin; un ick wüßt

44

nicks an em to schelden, as datt he so veel van Düwels-
knepen un -künsten drömt, un de Herr Pastor predigt
doch, datt de Herr Christus dem Bösen de Macht nah-
men un en mit Keden der Höllen bunden hett, datt
äwerst de Minsch sick meist sülwst vördeit un behext
un datt, wer up Gottes Wegen geit un sick richtig to
Gottes Wurt un Gebet hölt, datt dem keen Satan un
keen Hexenmeister wat andon kann.«

Theodor Storm

Gode Nacht

Över de stillen Straten
Geit klar de Klokkenslag;
God Nacht! Din Hart will slapen,
Un morgen is ok en Dag.

Din Kind liggt in de Weegen,
Un ik bün ok bi di;
Din Sorgen un din Leven
Is allens um un bi.

Noch eenmal lat uns spräken:
Goden Abend, gode Nacht!
De Maand schient op de Däken,
Uns' Herrgott hölt de Wacht.

An Klaus Groth

Wenn't Abend ward,
Un still de Welt un still dat Hart;
Wenn möd up't Knee di liggt de Hand,
Un ut din Husklock an de Wand
Du hörst den Parpendikelslag,
De nich to Woort keem över Dag;
Wenn't Schummern in de Ecken liggt,
Un buten all de Nachtswulk flüggt;
Wenn denn noch eenmal kiekt de Sünn
Mit golden Schien to't Finster rin,
Un, ehr de Slap kümmt un de Nacht,
Noch eenmal allens lävt un lacht –
Dat is so wat vör't Minschenhart.
Wenn't Abend ward.

Karl Fröhlich

Regenleed

Dat regent, dat regent, de Kukuk ward natt!
Bunt warrn de Blöm'n, un grön ward dat Blatt.
Mairegen bringt Segen!
Ut't Hüsken herut,
Stigt gau in de Kutsch, glik reisen wi ut!

Dat regent, dat regent, de Kukuk ward natt!
Wi sitten in Dtög'n, wat schad't uns denn dat?
Mairegen bringt Segen!
Un warrn wi natt,
Denn wassen wi lusti, as Blöm'n un Blatt!

Detlev von Liliencron

Up de eensam Hallig

Min Mann is weg,
De See geiht holl
Min Kind is krank,
Keen Minsch to Hülp.
    Ick bün alleen.

De Mann is dor,
Dat Kind is dod,
Nu liggt in't Hus
De kranke Fru.
    Se sünd alleen.

Keen Doktor neech,
Keen Minsch to Hülp.
De lüttje Fru
Is bi ehr Kind.
    He is alleen.

Trin

Mit Nadel un Tweern
Keem de lütt Deern.
As se mi nu den utneiten Knoop anneiht,
Un so flink de Finger ehr geiht,
Un se so neech bi mi steiht,
Denk ick, wat kann da sien, man to,
Un ick gev eh ehr 'n Söten, hallo, hallo.
Auk! har ick een weg, un dat wern Släg,
Datt ick glieks dat Jammern kreeg.
Do kickt se mi ganz luri an:
»Häv ick wehdan, min leve Mann?«
»Ja«, segg ick, un ganz sachen
Fat ick se üm, greep frischen Mot,
Un nu güngt ja allns up eenmal got.

As se gung, segg ick: »Lütt Deern,
Kumms ock mal weller mit Nadel un Tweern?«
»Ja geern«.

Georg Engel

De Leiwsbreiw

»Jung, hest all ees in dinen Lewen
So'n rechten säuten Leiwsbreiw schrewen?«
»Ne«, seggd de Schippsjung' Krischan Kahl.
»Schadt em ok nich, sedd di man dal
Un schriew: Min leiwe, säute Karolin,
Uns Schipp dat führt grad nah Stettin.
Du leiwe Gott, in so'ne Firn,
Dat äwer segg' ich di, säut Dirn,
Un schriew di dat in dissen Breiw,
Ick hau' di alle Knaken scheiw,
Ick mak den Puckel di so mör,
Wenn ick von ann're Kirls wat hör' –
Versteihst du mi?
Nu mark dat di –
Mi is dat Irnst, ick driew keen Spaß; –
In ew'ge truge Leiw, din Klas.«

Heinrich Seidel

Dei Kopparbeit

»Teihn Daler, twölf Schilling!« seggt Buer Klähn
Tau sinen Afkaten, »för'n bäten Gedrähn
Un 'n bäten Gesmeer, ick heww mi verfiehrt –
Dat is jo dei ganze Kram nich wiert!«
»Min leiwe Klähn, verstahn S' mi recht:
Dat is nich, as wenn einer hakt un eegt
Un mit'e Fork in'n Meß rümkliert,
Dat's Kopparbeit – dei is dat wiert!«
»Wat Kopparbeit? Lat't Jug wat malen –
Wat müßt ick denn woll för min Ossen betahlen,
Un wat wir dei ehr Arbeit woll wiert?
Dei trecken doch ok nich mit'n Stiert!«

Hamelfleisch un Räuben
Ein Läuschen ut dei olle Tied

Twei Kirls, dei harren Räuben stahlen
Un güng'n dormit na'n Karkhof hen.
»Nu möst' uns noch 'n Hamel halen!«
So seggt dei ein tau'n annern denn:
»Naast ät' wi Hamelfleisch un Räuben,
Un dat smeckt fein, dat kannst man gläuben.«

»Ja, dat 's ok wohr. Ick weit 'n netten,
Dei steiht bi'n Paster in den Stall,
So 'n rechten kugelrunnen, fetten
Un kerngesund – so sünd s' nich all.
Ick hal em gliek!« so seggt dei anner:
»Du tellst dei Räuben uteinanner!«

Dei anner geiht, un in den hellen,
Den' witten, kloren Mandenschien,
Dor ward dei ein dei Räuben tellen,
Un: »Dit sünd min, un dit sünd din!«
So hürt man em dor ihrlich grummeln.
Spitzbauben daun sik nich beschummeln.

Nu kümmt dei Köster langs dei Muer –
Hei seet 'n bäten lang' in 'n Kraug.
»Wat grummelt dor bi 't Likenschuer?«
So denkt hei un hei horkt so hoch,
Un ward sik liesing ranner slieken,
Un nieglich äw'r 'e Muer kieken.

56

Hei brukt nich lang dor wohrtauschugen
Un mit sin Kraasch dor is dat ut.
O je, wo würr den Köster grugen,
Em bäw' dei Büx, em kröp dei Hut,
Hei füng gefihrlich an tau lopen:
»Ick möt doch gliek den Paster raupen!«

»Herr Paster, kamen S' blot mal ranner,
Wat heww ick up den Karkhof seihn!
Dei Doden tell'n sik uteinanner
Ehr Kaaken up 'n Likenstein!
So hebb'n s' sik noch nich eins benahmen,
Dor möten S' mit 'n Machtspruch kamen!«

Dei Paster seet noch lat bi 't Läsen –
Dei Saak, dei wir em gor nich mit –
Em würr so ganz gefehrlich gräsen
Un sine Näs as Kried so witt.
»Min Bein, min Bein!« so würr hei raupen,
»Min Bein sünd krank! Ick kann nich lopen!«

»Herr Paster«, sär dei Köster kräsig,
»Dat is mal so! Wat möt, dat möt!
Ick bün jo noch nich olt un lästig
Un heww twei ganz gesunne Fäut –
Dor bruken Sei sik nich tau grämen –
Ick warr Sei up den Puckel nähmen.«

Wat süll dei arme Paster maken?
Hier wir dei Läpel – dor dei Supp!
Hei kröp mit sine stiwen Knaken

Nu up den Kösterpuckel rupp,
Un na den Karkhof müßt hei rieden,
Dat wir sin Amt, hei künn 't nich strieden.

Dei Deiw hei sitt un tellt sin Räuben,
Dor süht hei, swart in 'n Mandenschien,
Dei beiden un hei ward nu gläuben,
Dat künn doch blot dei anner sin.
»Nü kümmt hei«, dat sünd sin Gedanken,
»Mit unsen Hamel antauwanken.«

Hei süht sei an dei Muer kamen,
Un röppt: »Wat is dat Undirt fett!
Ja, Braure, dei sall uns bekamen!
Wat dei för einen Puckel hett!
Smiet em man dal, den' mag ick lieden,
Ick will em gliek dei Kähl affsnieden!«

Dat hürt dei Paster, un, o Wunner!
Sin Bein dei daun em nich mihr weih!
Hei springt, perdautz, von'n Köster runner
Un kann so rönnen as 'n Reh,
Kann mit den linken un den rechten
Noch düller as dei Köster schechten.

Dei Deiw markt Müs, fangt an tau lachen,
So deubelmäßig as hei kann,
Paster un Köster dei marrachen,
As wir dei Dod achter sei an,
Un hür'n nich ihrer up tau draben,
Bet s' säker sitten achtern Aben.

Wo 't wiere keem, ick kann 't nich seggen,
Mihr weit ick nich von dei Geschicht',
Doch wenn wi 't richtig äwerleggen,
So finnen wi dat Enn' woll licht!
Den annern Dag – dat känt ji gläuben,
Dor geew dat Hamelfleisch un Räuben.

Max Dreyer

Du starwst . . .

»Du starwst
in' Harwst!«
'ne Zigeunersch hät't seggt,
as se Korten mi leggt,
un mi – na, un mi is 't recht.

Blot to Frühjohr nich, wenn de Jugend kümmt,
wenn dat ganze Weltall glimmt un flimmt,
wenn dat hellgröne Licht
mit Jubel un Pracht
bet 'rup in den blagen Himmel stiggt
un lücht't dörch de Nacht,
wenn ut de stöbigsten Ecken un Engen
lewige Farben knospen un drängen,
wenn alls, wat olt is un mulsch un möer,
geht entwei un in Schöer –
mang de Schöer, dat wier mi gegen den Strich!
Blot to Frühjohr nich!

Ook in' Sommer nich! O du Sommernacht,
vedrömt un vedrunken, vesungen, velacht
un veküßt! un de ganze strahlende Welt

een Bloomengorden, een gülden Feld!
De Ierd hät wunnen sich 'n Kranz
ut Sünnenlicht,
un de Minschen so festlich frie un licht,
dat Leben – 'n Danz!
Un is 't ook to'n Danzen 'n beten heet,
dat 's good, dat ick schweet!
Wur dößt et mi dornah so prächtiglich!
Nee, nee – ach nee! Ook in' Sommer nich.

Ook in' Winter nich! De Strietschoh her!
Heidi! Up't Ies!
Un sünd wi ook gries,
dat giwt de oll Knaken niege Schmeer!
So susen wi hen in brusende Fohrt
dörch de schniedende Luft, vull Riep den Bort,
de Oogen vull Glanz un de Backen so rot,
ümmer wieder torügg blieben Sorgen un Not –
so frie, o so frie!
Juchhe un heidi! . . .
Schon fangen de Stiern an to glitzen,
nu geht et nah Huus! Noch schneller flitzen
wi öwer den See,
heidi un juchhe!
Wur öwer dat Ies de Iesen blitzen! . . .
Un wenn wi denn an' Aben sitten
bi'n stieben Grog,
denn fragen wi nich nah Tied un Klock,
denn nehmen wi ümmer noch 'n Lütten.
Wat lät et sich denn so prächtig vetellen
un laben un schellen

un drömen un sinnen – – –
Süll jetzt ick von hinnen?
Nee, Knakenmann, nee! Dat geew mi 'n Stich!
Ook in' Winter nich.

Ook in' Harw ... – na, denn in' Harwst! Is good!
Öwer Storm moet sien!
De Abendhimmel een Füerschien
un de Luft vull Bloot.
Ick bün an 'e See. Up 'e Dünen söelt
Ji drägen mi –
Hei, wur dat bruust un schümt un gröhlt!
Giwt et 'ne schönere Melodie
to'n Leben un Starben?
In disse Farben
sall mien Wesen selig sich lösen,
in dit Brusen un Schüümen un Tösen,
dit Stiegen un Drängen
sall befriet mien Aten sich mengen!
Kiekt, wur mi dat hewt! Wur grad ick stah!
Mien letzte Schrie 'n frohet »Hurrah!«

Un bün ick denn dot – dorup gewt mi de Hand –
spunnt mi nich in 'n engen Sarg
un schüffelt nich öwer mi 'n Barg
von Murr un Leihm un Sand!
Up de apne See führt mi herut,
dor will ick begraben sien,
in de frie un frische, de klore Flut,
in den hellen, köhlen Schien!

»Du starwst
in' Harwst!«
'ne Zigeunersch hät't seggt,
as se Korten mi leggt,
Un mi – na, un mi is 't recht.

De Mandschienbrügg

Dat lütte Huus in'n grönen Kranz,
wur Du in wahnt!
Un werrer giwt em sienen Glanz
de vulle Mand.

Dat ook Dien Finster, epheudicht,
moet apenstahn!
Bet rinner bugt dat Mandenlicht
sien Sülverbahn.

Wier nich sien Sülwerbahn för mi,
up de ich treer,
up de mien Sehnsucht selig Di
entgegengleer?

Voerbi. Wat west is, is nich mien,
Du büst nich hier –
un wierst Du hier, de Mandenschien
droeg mi nich mihr.

Dor!

Krank liggt de Mann, all lange Wochen lang,
nicks will em good don, keene Medezin,
nich Dokder noch Aptheker weeten Rat,
un ook dat lure Flehn, de stille Inbrunst,
dormit sien Wiew üm Hülp den Himmel anröppt,
vehallt, veflügt – un all ehr hceten Tranen
un all ehr Hartensnor rührt nich dat Schicksal.

Krank liggt de Mann. Un werrer kümmt de Nacht
un tast't mit ehre swatte kolle Hand
wie nah de Lamp, de matt un ängstlich brennt,
so nah dat kümmerliche Lebenslicht.
Un doch – he kann nich starben – kann nich leben.
Sien Fru sitt gramveluren an sien Berr
un nimmt sien drögen Finger in de Hänn'
un geht den Schöpfer an: »Laat em nich starben!
Laat em dat Leben! Laat em werrer warrn!
Un moet un moet de Dod sien Opfer hebben
un is he nah dit Huus all unnerwegs,
laat mi em mit sich nehmen, Herrgott, mi
an siene Statt!« So bed't se. Un so still
wad alls. Man hürt de Uhr nich mihr. Un buten
de Wind giwt keenen Ton. Dat groote Schwiegen.
As wenn de Welt den Atem utset't har,
so still is alls. So dodenstill. Dor – dor –
dor kloppt't mit harten, knökern harten Finger
een – twee – un dree Mal an den Finsterladen –
un een – twee – dree Mal werrer an de Dör –
un ängstlicher dukt sich dat Lampenlicht –

un langsam – langsam maakt de Dör sich up –
un ut den swatten Slund schüwt sich herinner
de Dod.

Upfohrt de Fru – ehr Schrie krampft in de Kehl
sich fast – ehr stockt dat Hart – ehr fleegen
de Knee – se starrt – un steiht – un starrt un zittert –
un neeger kümmt de Dod.
Dor ritt se sich tosam mit alle Macht,
reckt in de Höcht sich – un schriet luer up – un flügt
bi Siet – un hewt den Arm, de zuckende Hand –
un up dat Leger wiesend, stött se rut:
»Dor liggt he – dor – – –«

Wilhelm Busch

Meiers Hinnerk

Grad ausgestreckt in der Ebene und Hof an Hof lag das alte, friedliche Dorf, die Häuser mit Stroh gedeckt. Und jedes Haus hatte rückwärts sein Gärtchen und hinter jedem Gärtchen sein Ackerfeld, und durch jedes Feld ging ein Grasweg, ein breiter, nach der heckenumgrenzten Wiese, und hinter sämtlichen Wiesen stand der hohe, schattige Wald.

Es war ein heiterer Tag zu Anfang des Herbstes, wenn durch die Luft schon die silbernen Mettken schweben. Aus allen Gehöften, wie nachmittags gewöhnlich, kamen die kleinen Hirten und Hirtinnen mit ihren Kühen.

Auch Meiers Hinnerk hatte zwei, eine schwarze und eine braune, am Strick, um sie, zunächst den Grasweg beweidend, allmählich der Wiese entgegenzuführen. Zwölf Jahre war er alt, flachshaarig und wohlgenährt. Längst war ihm die verblaßte leinene Hose zu eng und zu kurz geworden. Hinten drauf, einander gegenüber, gleich einer blauen Brille, saßen sogar schon, zu seinem Verdruß, zwei zirkelrunde dunklere Flicken; ein Werk der nehrigen Mutter, die immer behaupten wollte, in alten Hosen sähen Jungen am strammsten und gesundesten aus.

Gelehrsamkeit war Hinnerk sein Fall nicht. Dennoch, während die beschränkten Tiere am Boden ihr Futter suchten, zog er sofort seinen Katechismus aus der zugeknöpften Jacke hervor. Mit helltönender Stimme, in steter Wiederholung, prägte er die Aufgabe für den folgenden Schultag in den widerspenstigen Schädel. Seine Kollegen im Felde, weithin vernehmlich, übten dieselbe Lektion. Sie wußten warum. Küster Bokelmann, der Meister der Schule, besaß einen kniffigen Rohrstock, der die schlummernden Seelenkräfte, selbst im voraus, vorzüglich zu ermuntern verstand.

Nachdem das dringende Geschäft der Bildung des Geistes somit glücklich erledigt war, widmete sich unser Hinnerk einer mehr freien, gemütlichen Tätigkeit.

Auf dem Rücken der schwarzen Muhkuh, an geeigneter Stelle, begann er Haare zu zupfen und bildete so auf der entblößten Haut ein großes lateinisches L. Hierbei, sinnig vertieft, sang er leise den Namen Lina vor sich hin, indem er auf dem i besonders lange quinquillierend verweilte.

Mittlerweile hatte er die Wiese erreicht, schloß das Tor, nahm den Kühen den Strick ab und ließ sie grasen nach Belieben.

Wo eine Kuhjunge hütet, muß natürlich ein Feuer sein. An sich schon dem Auge ergötzlich, bei kühlem Wetter auch willkommen der Wärme wegen, ist es geradezu unentbehrlich für das Braten der Kartoffeln.

Demnach vor allen Dingen sammelte Hinnerk feine Spricker und brach dünne Knüppel aus der Hecke. Da es zur Zeit noch keine Reibhölzchen gab, mußte er erst emsig pinken, bis an den Zunder der richtige Funken sprang. Einen Topp Hede hatte er mitgebracht. In ihn ward der glimmende Schwamm gehüllt, durch Weifen und Pusten die Flamme entfacht, zunächst dünnes, dann dickes Holz regelrecht drüber geschichtet, und hochauf loderte bald ein erfreulicher Scheiterhaufen.

Beiseit, schon früher aus Zweigen und Plaggen erbaut, stand Hinnerks zwar enge, doch trauliche Hütte. Aus dieser entnahm er das von ihm selber geflochtene Weidenkörbchen, begab sich ins Feld hinaus und kehrte zurück mit zwei Dutzend der dicksten Kartoffeln und fünf jungen Mäusen, die er beizu im Neste erwischt und getötet hatte. »Dat sind fief fette Happen vär use Kättken terhus«, dachte er schmunzelnd.

Noch waren zum Einlegen der rötlichen Knollen nicht Kohlen genug reif. Infolgedessen kriegte Hinnerk sein Messer heraus, ein wertvolles Werkzeug, für drei Mariengroschen hat's ihm der gute Vater gekauft auf dem Markt in der Stadt. Das kleine Öhr am Heft, um's mit einer Schnur an der Hosentasche zu befestigen, war übrigens eine Sicherheitsvorrichtung, die Hinnerk verschmähte. Er flötete, prüfte am Daumen die Schneide, fällte eine stattliche Doldenpflanze und verfertigte aus ihren hohlen Stengeln ein niedliches Schmökerpfeifchen; denn sich täglich ein wenig im Rauchen zu üben, hielt er für nötig, und was den Tabak betrifft, so schien ihm recht trockenes Haselnußlaub für den Anfang nicht übel.

Sein gestopftes Pfeifchen zu entzünden, näherte sich Hinnerk der Feuerstätte.

»Hutt bäh!« rief eine Mädchenstimme, und Nachbars Gretliesche, ein munteres, hübsches, rothaariges Kind von elf Jahren, kroch durch ein Loch in der Hecke.

»Wat wutt du denn hier?« fragte Hinnerk sehr kühl.

»Helpen!« erwiderte sie kurz und keck. Ohne weiteres legte sie die Kartoffeln ins Feuer, hielt dem Hinnerk einen glühenden Span auf die Pfeife, setzte sich aufs Rasenbänkchen in der Hütte und lud ihn ein, zu ihren Füßen sich niederzulassen, wozu er sich nach einigem Zögern auch wirklich entschloß.

Liebkosend nahm sie ihn beim Kopf und unterzog denselben alsbald einer genauen Besichtigung.

»Eck finne jo nix!« rief sie enttäuscht.

»Dat löw eck woll«, meinte er, »hat gistern use Grotmeuhme all 'e knicket.«

Aber Gretliesche, ganz leise, krabbelte weiter im Haar. Ein wonniges Rieseln lief ihm den Rücken hinunter. Die Pfeife entsank seiner Hand, die Augen schlossen sich halb. In solch einem dämmerigen Zustand sagt der Mensch manches, was er sonst wohl verschwiegen hätte.

»Segg eis, Hinnerk«, fragte sie behutsam, »hast e denn ok all 'ne Brut?«

»Swarte Haare hat se und glinsterswarte Ogen un« – er stockte.

»Oh, nu weet eck et all!« rief Gretliesche. »Kösters Lina is et, de is jo tein Jahre öller ans du.«

»Dat deit nix«, sagte er, »und wenn se ok dusend Jahr öller is.«

»Ja«, meinte Gretliesche dagegen, »wenn man Verwalter Klütke mit sinen langen Snurrbart nich wöre.«

»Den Kerl sla eck dot!« rief er heftig.

»Und denn komet se her un hänget di upp!« entgegnete sie.

»Erst hebben!« lachte er. »De längeste Mettwost hal eck un lope weg und vestäke mi baben in der Schüne int Hei.«

»Oh, wat'n Nare!« Mit diesen Worten gab ihm die Gretliesche einen verächtlichen Schubbs und sprang aus der Hütte.

»Kiek na den Kartuffeln!« rief Hinnerk ihr nach.

»Do et sülbenst!« Und weg war sie durch die Hecke.

Er versuchte auszuspucken. Es ging aber nicht recht.

»Van den Smöken werd'n ok so dröge in'n Halse«, murmelte er in sich hinein.

Eben graste die rote Kuh mit dem strotzenden Euter vorüber. Er strich ihr sanft über den Rücken. »Woha!« Das gute Tier stand still. Dicht hinter ihr setzte er sich in die Hurke, zog eine Zitze zu sich her und melkte einige Spritzer in den weit geöffneten Mund, daß es strullte.

Im selben Augenblick – so war es vorher bestimmt im Laufe der Dinge – hob die Kuh ihren Schwanz, indem sie ihn des größeren Nachdrucks wegen zugleich schraubenförmig verkrümmte; nicht ohne warmen Erfolg.

»Hahaha, dat is di jüst recht!« lachte und rief wer von seitwärts herüber. Oben in einer hainbuchenen Hucht saß die Gretliesche und sah zu mit Vergnügen.

»Ole Ape!« war alles, was Hinnerk drauf sagte.

Vermittels eines Grasbüschels, ohne sich sehr zu erregen, brachte er die Sache bald wieder, sozusagen, ins Reine.

Und nun ging's an die Kartoffeln. Sie schmeckten ihm trefflich; auch mußte er sich schneuzen mitunter, auf natürliche Art; daher wurde er um Mund und Nase schön schwarz übermusselt.

Jetzt aber fiel ihm was Wichtiges ein. Aus dem Murk, dem heimlichen Versteck unter der Rasenbank, entnahm er ein absonderlich merkwürdiges Schießeding; einen ausgehöhlten Ast, mit Draht umflochten, seitlich mit Zündloch versehen. Eine Tüte voll Pulver, das er beim Krämer gegen Eier sich eingetauscht – er wußte die verborgensten Hühnernester – kam gleichfalls zum Vorschein. Kräftig wurde geladen, und mächtig war der Knall.

Das schüchterne Reh, das kurz vorher aus dem Wald in die Wiese getreten, entfloh in Eile. Angelockt durch den Schuß dagegen wurden drei andere Hütejungens: Kord, Krischan und Dierk.

Zum zweiten Male ward das Geschütz geladen, zum zweiten Male ballerte weithin das Echo im Walde entlang.

Hiernach setzten sich die vier behaglich ans Feuer, alle schwarz um die Mäuler.

Krischan besaß einen richtigen Tonpfeifenstummel, gefüllt mit echtem Bauernkanaster, den er direkt, doch unter der Hand, von seinem Alten bezog. Jeder, der Reihe nach, tat einen tüchtigen Zug daraus.

Kord danach gab einen saftigen, weinsauren Apfel zum besten. Jeder, der Reihe nach, tat einen tüchtigen Biß hinein.

Dierk aber führte bei sich einen knorrigen Eichenstock, dessen Griff ein menschliches Antlitz vorstellte, von Dierk selber geschnitzt. Der Knittel, zur Besichtigung, ging gleichfalls reihrund. Besonders genau sah Krischan das Bildnis sich an.

»Dönnerslag«, rief er, »dat is jo de Köster. Ehrgistern hat he mi hauet, un vandage deit mi de Lenne noch weih!«

Und ehe Dierk es verhindern konnte, brach Krischan den künstlichen Stock vor dem Knie ab und übergab ihn den Flammen.

»Hurra!« jubelten die Jungens, tanzten ums Feuer, häuften grüne Ellernzweige darauf und erzeugten so einen großen, herrlichen Dampf, der als duftiger Schleier die Gegend umhüllte.

Die Sonne ging unter. Vom Dorfe her tönte die Abendglocke.

»Et is Tiet«, mahnte Hinnerk, »de Bäklocke lutt.«

Jeder eilte zu seinen Kühen, um sie am Strick nach Hause zu geleiten.

Angenehme Gerüche, die Vorboten des Abendessens, wehten ihnen entgegen und erregten die Gemüter zu Jauchzen und Gesang.

Küster Bokelmann, die lange Pfeife im Munde, führte an seiner Gartenpforte mit Verwalter Klütke ein gemütliches Dämmergespräch.

»Es gibt ander Wetter«, sprach er, »die Kuhjungens schreien heut so im Felde.«

»Ganz recht, Herr Kanter; vor der Sonne stand eine verdächtige Wolke«, stimmte Klütke ihm bei.

Indem kam Lina gesprungen.

»Papa«, rief sie schon von weitem, »der Pfannkuchen wartet. Ei, sieh da, Herr Verwalter, wollen Sie nicht mitessen bei uns?«

»Wer könnte einer Einladung von solch reizender Seite widerstehen?« erwidere Klütke, verbindlich den Schnurrbart sreichend.

»Dat die de Düwel wat backet?« knurrte Hinnerk, der gerade vorüberzog, mit einem grimmigen Seitenblick.

Als er den elterlichen Hof erreichte, strich schon leise miauend die Katze an ihm hin. Dankbar nahm sie ihre fünf kleinen Mäuse in Empfang.

An der Tür stand die Großmutter, ihren Liebling erwartend.

»Minsche, wo swart sühst e ut!« rief sie bei seinem Anblick erschrocken.

Eilig führte sie ihn in den Hintergrund des Hauses, wo das Küchengerät stand, rieb ihm Kopf und Gesicht mit dem feuchten, geschmeidigen, fettigen Schüsseltuch und trocknete ihn ab mit der Schürze.

In der Döntze baumelte bereits der brennende Trankrüsel an dem verstellbaren Haken. Auf der Tischplatte lag ein Haufen dampfender Kartoffeln; daneben, auf rundem Brett, stand das köstliche Pannenstippelse, bereitet aus geglühtem Rüböl und gebratenen Zwiebeln. Vater und Mutter tunkten schon ein. Hinnerk nahm dicht bei der Großmutter Platz. Sie pellte ihm sauber die schönsten Kartoffeln ab.

Zwei verzehrte er, nicht eben geschwind. Dann klappte er entschieden sein Messer zu.

»Wo vele hast e denn all bipacket in der Wisch?« fragte sorglich die Großmutter.

»En Stücker twölwe, mehr nich«, erwiderte er gähnend.

Die Großmutter befühlte ihm den Leib.

»No«, meinte sie beruhigt, »denn konnste wol faste liggen düsse Nacht.«

Das tat er denn auch. –

Überhaupt, seine Herzenssorgen waren nicht so bedrückend, daß sie ihm jemals die nächtliche Ruhe störten; selbst dann nicht, als drei Monate nachher Verwalter Klütke, der ein kleines Gütchen gepachtet hatte, sich mit der schönen Lina vermählte. Und so gcht's zu in dieser neckischen Welt: zehn Jahre später hat die Gretliesche ihren Hinnerk doch noch gekriegt.

Wilhelm Busch

Lustige Hochzeit

Anne Geske sä täon Vaar:
wat eck segge dat is wahr,
kriegt dat Lüt nich boll 'n Mann,
säo beliäw 'r Unglücke an.
Flugs do word de Schriewer räopen,
däi schrew allns in äinen Bräif,
wat de Deeren mee kreg;
äinen Pott un äinen Släif,
äin glad Küssen un äinen Püel.
Oh, hört äis, Lüe, is dat nich viäl?
Heter de Peter, heter de Pater
kamm geswinn un gaf se tehope.
's abends gung de Hochtiet an,
do was lustig Fräo un Mann.
Anne Geske soop sik voll,
kreg dat Lüt wol bi den Poll,
Klapp, kreg se äinen an de Snute,
do was de lustige Hochtiet ute.

(Aus der volkskundlichen Sammlung »Ut ôler Welt«)

Arno Holz

Een Boot is noch buten!

»Ahoi! Klaas Nielsen un Peter Jehann!
Kiekt nah, ob wi noch nich to Mus sind!
Ji hewt doch gesehn den Klabautermann?
Gott Lob, dat wi wedder to Hus sind!«
Die Fischer riefens und stießen ans Land
und zogen die Kiele bis hoch auf den Strand,
denn dumpf an rollten die Fluten;
Han Jochen aber rechnete nach
und schüttelte finster sein Haupt und sprach:
»Een Boot is noch buten!«

Und ernster keuchte die braune Schar
dem Dorf zu über die Dünen,
schon grüßten von fern mit zerwehtem Haar
die Fraun an den Gräbern der Hünen.
Und »Korl!« hieß es und »Leiw Marie!«
»'t is doch man schön, dat ji wedder hie!«
Dumpf an rollten die Fluten –
»Un Hinrich, min Hinrich? Wo is denn dee?!«
Und Jochen wies in die brüllende See:
»En Boot is noch buten!«

Am Ufer dräute der Möwenstein,
drauf stand ein verrufnes Gemäuer
dort schleppten sie Werg und Strandholz hinein
und gossen Öl in das Feuer.
Das leuchtete weit in die Nacht hinaus
und sollte rufen: O komm nach Haus!
dumpf an rollten die Fluten –
hier steht dein Weib in Nacht und Wind
und jammert laut und küßt dein Kind:
»Een Boot is noch buten!«

Doch die Nacht verrann und die See ward still,
und die Sonne schien in die Flammen,
da schluchzte die Ärmste: »As Gott will!«
und bewußtlos brach sie zusammen!
Sie trugen sie heim auf schmalem Brett,
dort liegt sie nun fiebernd im Krankenbett,
und draußen plätschern die Fluten;
dort spielt ihr Kind, ihr »lütting Jehann«,
und lallt wie träumend dann und wann:
»Een Boot is noch buten!«

Lulu von Strauß und Torney

Dat Water

Ga nich an't Water, wenn 't schummrig ward,
Dat Water is deip un still un swart.

In witten Dunst liggt de Ellernbusch,
De Wind, de flustert in Röhr un Rusch.

De Parr, de maakt sien Awendgang,
De Wischen daal, an't Water lang.

So düstergeel de Hewenrann';
Sacht kröpt de Awend äuwer't Lann.

De Vagel fläug tau Neste all,
Dor rögt sik narends Luud noch Schall.

Un as de Parr an't Water stunn,
Dor reep ne Stimm' ut deipen Grunn,

Dor reep ne Stimm' so dump un swor:
»De Stunn' is dor – de Stunn' is dor!«

Un nochmaal dump un wunnerlich:
»De Stunn' is dor, doch de Knaaw noch nich!«

»Gott sta üs bi!« De Parr stunn dor;
Sien Knei, de bewern, sien Hart kloppt swor.

Still liggt dat Water as vörher;
De Wind, de ruschelt bloot in't Röhr.

Do föhrt tau Höcht hei in Angst un Noot:
»Na Huus, na Huse! Hier wahnt de Dood!«

An'n irsten Haaw, ut de Gorendör,
Der lep den Buren sien Jung daher.

So blank dat Oog, un so geel dat Hor.
Röp dat vun firn nich: De Stunn' is dor?

»Hest Iel, mien Lütjer? Man staad, man staad!
Dat ward all schummrig, wohen so laat?«

»Herr Parr, eck wull man an't Water gaan,
Dor, wo de geelwitten Blaumen staan!«

»Leiw Kind, dortau hest ok nasten Tied –
Schallst irst 'ne Baadschaft mi drägen hüt!«

De Jung leep hen, na't Dörp herin;
Den Parr, den was dat sau swor tau Sinn.

Un as hei unnen bi'n Krauge wör,
Dor kem in Sprüngen de Jung daher.

De Parr, de gaw em 'n Gröschen blank:
»Mien lütjer Bade, veel Dank, veel Dank!

Jung, kiek eis, wo dat all duster is!
Na Huus! Dien Moder de säukt di süs!«

De Jung stunn vör em un lacht em an:
»Irst möt eck nu noch an't Water gaan.

De witten Blaumen, de haal eck mi.
Eck weit dat Flag woll, hir dichte bi.«

»Leiw Kind, dortau hest ok nasten Tied.
Nu büst'e mäue, de Weg was wied.

Un büst ok döstig, mien Jung! Kiek dor,
In'n Brunn, dat Water is käul un klor!«

De Kraug tau'n Drinken an'n Brunnen stunn,
Den schöppt hei vull ut den deipen Grunn'.

Hei gaw den Jungen, de sett' em an';
Wat weit dat käul dor vun't Water ran?

Deip drunk dei Jung taum tweiten Maal;
Wat weer sien Stirn dor so witt un faal?

Un as taum drüdden den Kraug hei foot,
Do föll hei daal un was kolt un dood.

De Wind em käul äuwert Flaßhor strook;
De Stunn' was dor – un de Knaaw was't ook.

Herbert Nachbar

De Wind, de sust

De Wind, de sust von Nurden her,
dat nu mien Jünging slöppt,
He süselt lies an unsre Dör,
wenn du den Sandmann dröppst.

Nu kuschel di in 't Kissen rin,
mak sacht de Oogen tau.
Du weeßt woll, dat ick bie di bün,
du hest dien sich're Rauh.

Mien Lütting slap, de Wind, de brust
in 't Strohdach un in'n Wiem.
Wi hemm' tosam' nu lang woll schmust,
nu hal di ook een Droom.

Nachbemerkung

Als der spätere Königsberger Universitätsprofessor Simon Dach im Jahre 1637, derzeit Konrektor der dortigen Domschule, eine Hochzeitsgesellschaft mit einem Hochzeitsgedicht erfreute, entsprach er damit völlig dem Geschmack seiner Zeit. Und hieran wäre eigentlich nichts besonders Hervorhebenswertes, wenn nicht Simon Dach eben dieses Hochzeitsgedicht in niederdeutscher Mundart abgefaßt hätte. Es war eine Modeströmung bis weit in das 18. Jahrhundert hinein, im Norden des deutschen Sprachraumes bevorzugt plättdeutsche Hochzeitscarmina »anzufertigen«, aber in jener Zeit, seit dem Beginn des 18. Jahrhunderts, da die glanzvolle Zeit des Mittelniederdeutschen, das vor allem während der Periode der Hanse im überwiegenden Raum des Ostseegebietes den Rang einer Amts-, Geschäfts- und Literatursprache innegehabt hatte, sich längst dem Ende zuneigte, verdient diese plattdeutsche Dichtung Dachs besondere Aufmerksamkeit. Als schon anerkannter Schriftsteller war er sich nicht zu schade, auch einmal einen »Ausflug« ins Plattdeutsche zu unternehmen – ein Vorgang allerdings, der sich in seinem Gesamtschaffen nicht wiederholen sollte. Immerhin aber findet sich »Anke van Tharau« in allen Werkausgaben

Dachs, meist versehen mit dem Vermerk: »Auf Johann Portatius' und Anna Neanders' Hochzeit«.

Simon Dach steht damit am Anfang einer Traditionslinie solcher Schriftsteller, die sich sonst nur hochdeutsch geäußert haben und nur bei seltener und ausgefallener Gelegenheit auf das Plattdeutsche zurückgriffen, bei Dach noch ganz Gelegenheitsgedicht. Und natürlich vermochte er mit seinen plattdeutschen Strophen, die sich weit über andere niederdeutsche literarische »Erzeugnisse« der ersten Hälfte des 17. Jahrhunderts heraushoben, das Fortschwinden des Niederdeutschen im öffentlichen und literarischen Gebrauch nicht aufzuhalten. Das gelang nicht einmal Johann Lauremberg mit seinen berühmten »Veer Schertzgedichten« von 1652, der allerletzten Blüte des Mittelniederdeutschen – in sprachhistorischer Hinsicht gesehen –, wenngleich die Gedichte zahlreiche Auflage erlebten und lange Zeit Kenntnis über sie vorherrschte.

»Anke van Tharau« wurde bald darauf von dem Königsberger Domkantor und Komponisten Heinrich Albert vertont, die Erstveröffentlichung erfolgte 1642 im 5. Teil der Albertschen »Arien oder Melodeyen etlicher theils geistlicher, theils weltlicher, zu gutten Sitten und Lust dienender Lieder«. Doch »Anke van Tharau« fristete als Lied ein Mauerblümchendasein, wie der Volksliedforscher Helmut Glagla bemerkte; zu größerer und dann zu größter Popularität gelangte das Lied erst nach 1825, als Friedrich Silcher eine neue und eingängige Melodie komponiert hatte, nachdem der Text ins Hochdeutsche übertragen, gestrafft und

1778 in Herders Volksliedersammlung erschienen war.

Es wirkt dagegen fast wie ein kleines Wunder, daß ein indirekter Wunsch Eduard Mörikes, enthalten in der Sentenz einer überaus treffend formulierten Einschätzung eines Gedichtes Theodor Storms, tatsächlich in Erfüllung gegangen ist. Mörike äußerte im April 1854 Storm gegenüber, die Strophen seien nicht nur »außerordentlich schön«, sie hörten »sich im Lesen sogleich wie gesungen« an. Und als ein fast noch größeres Wunder wirkt auf den heutigen Betrachter die Tatsache, daß Mörike, der Süddeutsche, gerade jenes der beiden plattdeutschen Gedichte Theodor Storms so lobend hervorgehoben hatte, welches dann durch die Vertonung von Ernst Licht zu einem der bekanntesten plattdeutschen Volkslieder wurde – *Över de stillen Straten*. Es nimmt im Bewußtsein der Freunde und Kenner niederdeutscher Lieder einen der vordersten Plätze ein, der Name Storms dagegen ist weit in den Hintergrund gerückt und in diesem Zusammenhang oft gar nicht mehr bekannt oder genannt, abgesehen einmal davon, daß der Originaltitel dieser kleinen Dichtung *Gode Nacht* lautet.

Dabei hatte Storm, als er sein Gedicht schuf, ganz andere und vor allem zielgerichtete Absichten verfolgt. Es entstand nämlich in einer für das Niederdeutsche so entscheidenden Epoche, in jener Zeit, als die in plattdeutscher Mundart geschriebene Literatur wieder erstarkte und sich anschickte, Bestandteil der Nationalliteratur zu werden: 1852 erschien die erste Ausgabe von Klaus Groths »Quickborn«, 1853 trat

Fritz Reuter mit seinen »Läuschen un Rimels« an die Öffentlichkeit und 1854 meldete sich John Brinckman mit seinem Tiermärchen »Voß un Swinegel« (Dat Brüden geiht üm) als ernstzunehmender plattdeutscher Autor zu Wort. Die Niederschrift des Stormschen Gedichtes datiert vom 20./21. September 1850. Am 6. April 1853 teilte er die Strophen Klaus Groth mit und schrieb dazu in bezeichnender Bescheidenheit: »Diese Verse an sich haben keinen weiteren Wert; aber Sie werden aus ihnen ersehen können, daß auch ich die plattdeutsche Sprache für den Ausdruck des innigen Gefühls habe gebraucht wissen wollen.« In der »Argo« dann wurde »Gode Nacht« 1854 erstmals veröffentlicht.

Dieses Gedicht verdient deshalb so sehr viel Beachtung, weil es für die sich entwickelnde niederdeutsche Literatur eine bedeutsame Ermunterung und Ermutigung darstellte: Storm, der namhafte Novellist und Lyriker, der sich sonst nur hochdeutsch artikulierte, bekannte sich offen zur plattdeutschen Dialektliteratur, dichtete sogar selbst plattdeutsch und trat damit entschieden jenen Verleumdungen und Verunglimpfungen entgegen, denen das Niederdeutsche seit der Mitte des 17. Jahrhunderts verstärkt ungeschützt ausgesetzt gewesen war. Nun, da seit 1852 immer kraftvoller der Nachweis erbracht wurde, Niederdeutsch könne durchaus die Funktion einer Literatursprache erfüllen, sind die plattdeutschen Dichtungen Storms, die in seinem Gesamtschaffen zwar nur einen bescheidenen Raum einnehmen, gerade deshalb für die Entwicklung der niederdeutschen Literatur von um so

90

größerer Bedeutung, weil sie mehr beinhalten als freundliche Reverenz und gemütvolles Erinnern an die Sprache der Kindheit. Gewiß, man soll Storms Eintreten für das Niederdeutsche nicht überbewerten, dennoch verdient es deutlich hervorgehoben zu werden, denn nach 1800 hatten Bestrebungen und Haltungen wieder zugenommen, das Niederdeutsche regelrecht zu bekämpfen, wie sie in der Schrift des Kieler Professors Ludolf Wienbarg von 1834 »Soll die plattdeutsche Sprache gepflegt oder ausgerottet werden? Gegen Ersteres und für Letzteres« gipfelten.

Demgegenüber stehen auf der anderen Seite die Bemühungen Herders, Arnims und Brentanos und die der Brüder Grimm zur Sammlung und Erfassung der Volksdichtung, auch der niederdeutschen, die ja nie aufgehört hatte zu existieren. Ebenso war das Niederdeutsche im Norden des deutschen Sprachgebietes bevorzugtes Kommunikationsmittel des einfachen Volkes geblieben.

Im Band 10 des »Salon für Literatur und Gesellschaft« wird im Jahre 1872 Storms plattdeutsches Gedicht »An Klaus Groth« abgedruckt. Am 5. September 1872 heißt es in einem Brief des Dichters an Groth: »Daß ich nicht teilnahmslos an Dir vorbeigegangen, wird Dir ein kleines, nicht eben besondres, aber doch warmes Gedicht zeigen, was ich in dem Gedanken, es solle Dir in der betreffenden Zeit zu Gesicht kommen, im ›Salon‹ abdrucken ließ.«

Von ganz anderer Art zeigen sich zwei an Klaus Groth gerichtete Briefe Detlev von Liliencrons. In einem Schreiben vom 25. Februar 1882 erklärt Liliencron: »... muß ich vor allem Ihnen meinen heißen Dank sagen für den Quickborn und für so manche herrliche Gabe, die Sie uns geschenkt. Quickborn hat mich seit 1860 auf a l l e n meinen Wegen begleitet, ... und immer, immer wieder hat mich die unglaubliche Schönheit der Lieder entzückt, getröstet und zugleich zu Thränen gerührt.« Und am 12. September 1898 schreibt Liliencron an Groth über den Quickborn: »Und nun kommt von Ihnen ein neues Exemplar, die neunzehnte Auflage. Und dies Exemplar soll mit mir aushalten bis zu meinem Tode. Und es soll mir dieselben lieben heimatbewegenden Stunden geben, wie mein erstes Exemplar. ... Nun freut es mich herzinnig, daß ich Ihnen wieder all meinen Dank, dessen ich fähig bin, sagen darf für Ihren Quickborn. Das wissen Sie ja, daß ich Ihren Heisterkrog höher halte, viel höher als ›Hermann. und Dorothea‹ und Vossens ›Luise‹.«

Aus diesen Äußerungen Liliencrons – er schuf zwei plattdeutsche, ebenfalls an der Volksdichtung geschulte Gedichte, und er verwendete in seinem Werk häufig niederdeutsche Worte, Redeteile, Begriffe und Gedichttitel – wird ersichtlich, in welcher Weise die nun zu Wert und Ansehen gelangte niederdeutsche Dialektliteratur wiederum auch auf die hochdeutsche Dichtung zurückgewirkt hat. Liliencrons plattdeutsche Gedichte sind freilich nicht seine bekanntesten, sie waren aber nie in das Schicksal des Mauerblümchens verbannt wie Simon Dachs »Anke van Tharau«.

Kehren wir noch einmal in das 18. und in die erste Hälfte des 19. Jahrhunderts zurück, so bemerken wir zu-

nächst Wissenschaftler, die auf den Wert der mittelnie-
derdeutschen Dichtung und die niederdeutsche Sprache
mit Zeitschriften, Wörterbüchern und literaturge-
schichtlichen Bibliographien aufmerksam machen, da-
nach Autoren mit schüchternen plattdeutschen Schreib-
versuchen und parallel dazu gleichfalls wieder hoch-
deutsche Schriftsteller, denen das Niederdeutsche nicht
nur angelegen war, sondern die sich selbst plattdeutsch
geäußert haben. Drei klangvolle Namen sind in erster
Reihe zu nennen: Johann Heinrich Voß, Philipp Otto
Runge und Ernst Moritz Arndt.

Die Veröffentlichung der 1776 und 1777 von Johann
Heinrich Voß geschaffenen plattdeutschen Idyllen »De
Winterawend« und »De Geldhapers« in dem von ihm
redigierten und weitverbreiteten »Musenalmanach«
wirkte natürlich wie ein Fanfarenstoß. Einer der konse-
quentesten Vertreter der deutschen Aufklärung konnte
einige Vorurteile gegenüber dem Niederdeutschen be-
seitigen helfen und einen beträchtlichen Leserkreis auf
das Ausdrucksvermögen des Plattdeutschen hinweisen.
So ehrgeizig Vossens Vorhaben war, so anachronistisch
zeigte es sich gleichermaßen. Voß hatte versucht, einem
übermundartlichen, im Grunde konstruierten und mit
mittelniederdeutschen Worten versehenen Platt-
deutsch den Weg als Literatursprache zu ebnen. Ein
völlig aussichtsloses Unterfangen, da das Plattdeutsche
längst in eine Vielzahl von teilweise erheblich voneinan-
der abweichenden Dialekten zerfallen war; zum ande-
ren aber, da die deutsche Nationalliteratur selbst noch
um ihre Anerkennung ringen mußte, war die Zeit für
plattdeutsche Dichtung einfach noch nicht reif genug.

Dennoch sind diese beiden plattdeutschen Werke von höchster literaturhistorischer Bedeutung, bilden sie doch den eigentlichen Anfang der neueren plattdeutschen Literatur.

Zum Allgemeingut der deutschen Dichtung aber sind jene beiden plattdeutschen Märchen geworden, die der vielseitig begabte Maler der Romantik, Philipp Otto Runge, aufgezeichnet hat und die zu einem relativ frühen Zeitpunkt Eingang in die Grimmsche Märchensammlung fanden. Neben wesentlichen kunsttheoretischen Schriften hinterließ Runge unter anderem auch Beschreibungen von Reisen nach Skandinavien, die er unternommen hatte. In der »Fußreise in Seeland« befinden sich einige plattdeutsche gereimte Einschübe. Das in unsere Sammlung aufgenommene Gedicht zeigt Züge pantheistischer Weltanschauung Runges. Die Märchen wurden wahrscheinlich nach dem Gedächtnis niedergeschrieben, nicht direkt abgefragt. Daß dabei ein »dichterisch begabter Mann« die Feder führte, ist ein glücklicher Zufall, »der die ihm aus der mundartlichen Erzähltradition bekannten Geschichten mit größtem Einfühlungsvermögen zu individuellen Kunstwerken erhob, die trotzdem volkstümlich wirken«. Die Brüder Grimm sahen hierin das Muster der bestmöglichen Wiedergabe von Volksmärchen.

Im Jahre 1818 veröffentlichte Ernst Moritz Arndt in Berlin den ersten Teil seiner »Märchen und Jugenderinnerungen«. Das letzte Märchen dieser Sammlung kleidete Arndt in ein plattdeutsches Gewand. Es ist anzunehmen, daß Arndt den Großteil der Märchen in niederdeutscher Fassung gehört hatte. Ein zweiter Teil der

»Märchen und Jugenderinnerungen«, schon vor 1820 konzipiert, erschien erst 1843, nun aber überwiegend plattdeutsch gehalten.

Der von Arndt gewählte Titel »Märchen und Jugenderinnerungen« deutet schon eine bestimmte Dimension der Sammlung an, es dominieren weniger die Märchenstoffe, sondern mehr jene Erzählbereiche, die Arndt aus seiner Jugend kannte. Besonders in den plattdeutschen Stücken gibt Arndt nicht einzelne Märchen wider; meist in einen Erzählrahmen mit einer Anzahl immer wiederkehrender Personen gestellt, handelt es sich um die Aufzeichnung von Verquickung von mehreren Märchen- und Sagenmotiven in einem jeweils selbständigen Text. Oft hat Arndt die Motive zusätzlich verändert, abgeändert und umgeformt, dazu gesellen sich vielfältige familiengeschichtliche, volkskundliche und lokalhistorische Informationen, so daß man zu Recht die meisten der plattdeutschen »Märchen« als Erzählungen klassifizieren kann, die Arndt auf der Grundlage von Märchen- und Sagenmotiven erarbeitet hat. Dieser Grundzug wird an den in dieser Anthologie enthaltenen Märchen-Erzählungen in ganz auffälliger Weise deutlich, zunächst schon mit dem ersten Titel »Van Friedrich Arndt un Polluce un van Hunden un Katten«. Charakteristisch für Arndt ist der deutlich herausgearbeitete Schluß vieler »Märchen«, der in mehr oder weniger ausführlich formulierten Aufrufen gipfelt, sich der Ausübung christlicher Tugenden zu befleißigen.

Die »Märchen und Jugenderinnerungen« bilden in dem außerordentlich umfänglichen Gesamtwerk des

Patrioten, Lyrikers, Historikers und Universitätsprofessors Arndt lediglich einen kleinen Bereich, die plattdeutschen Stücke nehmen zudem einen noch bescheideneren ein, so daß von daher auch eine Berechtigung besteht, an dieser Stelle auf sie hinzuweisen. In der zweiten Hälfte des 19. Jahrhunderts erlebten Arndts »Märchen« zahlreiche Gesamt- oder Einzelauflagen, auf diese Weise beeinflußten auch sie die Festigung der sich weiterentwickelnden niederdeutschen Literatur.

Ausgesprochen schöne Bekenntnisse zum Niederdeutschen gab Wilhelm Busch ab, dessen Name nur von Eingeweihten mit dem Plattdeutschen in Verbindung gebracht wird. Die plattdeutsche Bilderposse »Krischan mit der Piepe«, veröffentlicht zusammen mit drei hochdeutschen, erschien bereits 1864. Geschätzt ist ebenfalls seine volkskundliche Sammlung »Ut ôler Welt«, die hoch- und niederdeutsche Sagen, Märchen, Lieder, Sprüche und Kinderreime enthält. Die Erzählung »Meiers Hinnerk« wurde als typisches Beispiel für jene Art von Geschichten ausgewählt, in denen die Grunderzählung hochdeutsch ist, in die aber, hier bei Busch ganz besonders reichhaltig, plattdeutsche Dialoge eingearbeitet sind.

In seinem autobiographisch gefärbten Erinnerungsbuch »Reinhard Flemmings Abenteuer zu Wasser und zu Lande« spricht Heinrich Seidel an einer Stelle darüber, daß das Plattdeutsche und vor allem die als »Missingsch« bezeichnete Vermischung von Hoch- und Niederdeutsch in der zweiten Hälfte des 19. Jahrhunderts in Schwerin noch so allgegenwärtig war, daß selbst die Gymnasiasten beim Indianerspielen platt-deutsch gesprochen hätten. Als Reverenz an seine mecklenburgische Heimat und um dem Beispiel Fritz Reuters nachzueifern, schuf der einstmals vielgele-sene Autor einige qualitätvolle Reimschwänke, die aus der Flut der Läuschen-Dichtung und Reuter-Nachahmer angenehm herausragen.

Dem Erinnern an die Jugend ist auch das plattdeut-sche Gedichtbändchen »Nah Hus« von Max Dreyer verpflichtet. Im Vorspruch des Buches heißt es: »Ick spräk de Spraak, / de as Jung up e Straat ick sproek. / Bün 'n Rostocker Jung / mit 'ne Rostocker Tung, / un mien Jugend is, / wat ick sök.«

In den nachfolgenden Jahrzehnten unseres Jahr-hunderts dann werden die Stimmen derjenigen hoch-deutschen Autoren, die gelegentlich einen Ausflug ins Plattdeutsche unternahmen, seltener. Sicher auch deshalb, weil abzuwarten ist, was niederdeutsche Li-teratur in unseren Tagen zu leisten noch imstande ist.

Bei einem so großen Zeitraum von mehr als drei-hundert Jahren kann der inhaltliche Charakter dieser Sammlung naturgemäß nur sehr heterogen sein. Und das betrifft auch die Themen. So unterschiedlich die Schreibmotivationen gewesen sein mögen – Gelegen-heitsgedicht; ganz bewußtes Gestalten zur Unterstüt-zung der sich herausbildenden niederdeutschen Lite-ratur; Bekennen zum Niederdeutschen oder gemüt-volles Erinnern an die Sprache der Jugend – eines ist allen Autoren gemeinsam: sie hatten eine plattdeut-sche Kindheit oder sind in einer plattdeutschen Um-gebung aufgewachsen. Wie sagte doch Wilhelm

Busch? – »Um eine Sprache von Herzen sein eigen zu nennen, muß man, glaub' ich, etwas drin erlebt haben, etwas sehr Wichtiges – nämlich die Kindheit!«

Gewiß, die niederdeutsche Literatur ist eine Randerscheinung der Nationalliteratur, wenngleich eine ganz unverwechselbare und recht wesentliche, und viele der hier versammelten Stücke sind weniger bekannt, manche wohl gar unbekannt, fast ist man versucht, bei dem einen oder anderen gleichfalls den Begriff »Mauerblümchen« anzuwenden – aber es handelt sich um ausgesprochen schöne Mauerblümchen dann. Und genau besehen, diese kleinen Dichtungen hochdeutscher Autoren trugen nicht nur dazu bei, durch ihre gute Vorbildwirkung die niederdeutsche Literatur zu befördern, irgendwie bildeten sie gleichsam einen Beitrag zur Erhaltung des Niederdeutschen überhaupt.

Und exemplifiziert zeigt sich, was Ernst Barlach einmal über das Niederdeutsche formulierte: »Das mit dem Plattdeutschen sehe ich so an: daß es eine naivsanfte, hartmäulige, allem Menschlichen und Ungelehrten passende Sprache ist«.

Wolfgang Müns

Zu den Autoren

Es erfolgen detailliertere Angaben nur zu den Autoren, die mithilfe der gegenwärtig gebräuchlichen und verfügbaren Lexika und sonstigen Nachschlagewerke nicht erschließbar sind.

Arndt, Ernst Moritz
Geb. 26. 12. 1769 Groß Schoritz (Rügen), gest. 29. 1. 1860 Bonn.
Historiker, Universitätsprofessor; Publizist und Lyriker, Verfasser von Memoiren.

Brockes, Barthold Hinrich
Geb. 22. 9. 1680 Hamburg, gest. 16. 1. 1747 Hamburg.
Rechtsgelehrter, Diplomat; Lyriker und Übersetzer.

Busch, Wilhelm
Geb. 15. 4. 1832 Wiedensahl b. Hannover, gest. 9. 1. 1908 Mechtshausen (Harz).
Volkstümlicher kritisch-satirischer und humoristischer Dichter, Zeichner und Maler.

Dach, Simon
Geb. 29. 7. 1605 Memel, gest. 15. 4. 1659 Königsberg.
Volksverbundener Lyriker; Lehrer, Universitätsprofessor.

Dreyer, Max
Geb. 25. 9. 1862 Rostock, gest. 27. 11. 1946 Göhren
(Rügen).
Dramatiker, Erzähler und Lyriker.

Engel, Georg
Geb. 29. 10. 1866 in Greifswald, gest. 19. 10. 1931
Berlin.
Nach Studium in Berlin zunächst Journalist, dann
freier Schriftsteller.
Romanautor, Novellist, Dramatiker. Das außeror-
dentlich umfangreiche (und in der literarischen Quali-
tät recht unterschiedliche) Schaffen Engels ist stark
durch die Erinnerung an seine Geburtsstadt Greifs-
wald und die norddeutsche Küstenlandschaft ge-
prägt.

Fröhlich, Karl
Geb. 8. 4. 1821 Stralsund, gest. 18. 12. 1898 Berlin.
Der hauptsächlich als Silhouettenschneider auch
heute noch bekannte Karl Fröhlich kam mit acht Jah-
ren nach Berlin, wo er sich völlig autodidaktisch bil-
dete und nach einer Buchdruckerlehre zu dichten und
Silhouetten zu schneiden begann. Veröffentlichte
mehrere Lyrikbände und eigene, illustrierte Kinder-
bücher.

Giesebrecht, Ludwig
Geb. 5. 7. 1792 Mirow b. Strelitz (Mecklenburg), gest.
18. 3. 1873 Jasenitz b. Stettin.
Philologiestudium in Greifswald seit 1813, zunächst

Lehrer, dann Gymnasialprofessor in Stettin (bis 1866). Die 1834 erschienene hochdeutsche Gedichtsammlung Giesebrechts, der sich auch mit geschichtswissenschaftlichen Arbeiten beschäftigte, enthält zwölf plattdeutsche Gedichte. Sie sind für die neuniederdeutsche Literatur auf Grund ihrer frühen Entstehungszeit (1823) beachtenswert.

Holz, Arno
Geb. 26. 4. 1863 Rastenburg (Ostpreußen), gest. 26. 10. 1929 Berlin.
Lyriker, Dramatiker, Erzähler, Literaturtheoretiker.

Liliencron, Detlev von
Geb. 3. 6. 1844 Kiel, gest. 22. 7. 1909 Alt-Rahlstedt b. Hamburg.
Lyriker, Erzähler und Dramatiker.

Nachbar, Herbert
Geb. 12. 2. 1930 Greifswald, gest. 25. 5. 1980 Berlin.
Romanschriftsteller, Erzähler (DDR).

Runge, Philipp Otto
Geb. 23. 7. 1777 Wolgast, gest. 2. 12. 1810 Hamburg.
Vielseitig begabter Maler, neben Caspar David Friedrich bedeutendster Vertreter der deutschen Frühromantik.

Storm, Theodor
Geb. 14. 9. 1817 Husum (Schleswig), gest. 4. 7. 1888 Hademarschen (Holstein).
Novellist und Lyriker.

Strauß und Torney, Lulu von
Geb. 20. 9. 1873 Bückeburg, gest. 19. 6. 1956 Jena.
Romanautorin, Novellistin, Balladendichterin, Dramatikerin und Übersetzerin.

Voß, Johann Heinrich
Geb. 20. 2. 1751 Sommerstorf b. Waren (Mecklenburg), gest. 29. 3. 1826 Heidelberg.
Bedeutender Dichter und Übersetzer der Aufklärung.

Quellennachweis

Arndt, Ernst Moritz
    Märchen und Jugenderinnerungen. Erster und zweiter Teil
    Berlin 1842, 1843
    Verglichen wurde mit den Ausgaben: Ernst Moritz Arndts aus-
    gewählte Werke in sechzehn Bänden, herausgegeben von
    Heinrich Meisner und Robert Geerds. Leipzig o. J. sowie:
    Märchen und Jugenderinnerungen von Ernst Moritz Arndt.
    Herausgegeben von J. E. Poritzky. München und Leipzig o. J.

Brockes, Barthold Hinrich
    Irdisches Vergnügen in Gott
    Hamburg 1721/1748. Hier zitiert nach: Tausend Jahre Platt-
    deutsch. Proben niederdeutscher Sprache und Dichtung vom
    Heliand bis 1900. Herausgegeben von Conrad Borchling und
    Hermann Quistorf Hamburg 1927

Busch, Wilhelm
    Sämtliche Werke. Herausgegeben von Otto Nöldeke
    München 1943 (Band VII u. VIII)

Dach, Simon
    Gedichte. Herausgegeben von Hermann Österley
    Leipzig 1876 (Deutsche Dichter des siebzehnten Jahrhunderts,
    Band 9)

Dreyer, Max
    Nah Huus. Plattdeutsche Gedichte
    Stuttgart und Leipzig 1904

Engel, Georg
    Aus dem Nachlaß. Hier zitiert nach: 500 Jahre Plattdeutsch in
    Greifswald. Zusammengestellt und herausgegeben von Hans-
    Friedrich Rosenfeld
    Rostock 1956

Fröhlich, Karl
Lilgen Konfallgen. Plattdütsche Rimels un swarte Biller vaer
sine lütten goden Frünn'
Berlin 1858

Giesebrecht, Ludwig
Gedichte
Leipzig 1836

Holz, Arno
Buch der Zeit. Lieder eines Modernen. Endgültige Ausgabe
Dresden o. J. (1924)

Liliencron, Detlev von
Sämtliche Werke
Berlin und Leipzig o. J. (1909)

Nachbar, Herbert
Bucherstveröffentlichung. Gedicht existiert in dieser Fassung
bisher nur vertont als Rundfunkaufnahme.

Runge, Philipp Otto
Hinterlassene Schriften
Hamburg 1840

Seidel, Heinrich
Gedichte. Gesamtausgabe
Stuttgart und Berlin 1903

Storm, Theodor
Sämtliche Werke in vier Bänden
Berlin und Weimar 1972

Strauß und Torney, Lulu von
Der Abdruck des Gedichtes erfolgt mit freundlicher Genehmi-
gung des Eugen Diederichs Verlages Köln.

Voß, Johann Heinrich
Sämtliche Gedichte. Auswahl der letzten Hand
Königsberg 1825
Leipzig 1833

Worterklärungen

aarig	artig, ehrbar
äwerdadig	übertrieben, maßlos
afsunderlich	besonders
apen, apne	offen, offene
Baadschaft	Botschaft
Baade, Bade	Bote
begeit	beträgt
begnägeln	benörgeln
beswimen	in Ohnmacht fallen
bibucken	nachgeben
bi nen anger	beieinander
Brok	Beinkleider, Hose
brüden	foppen, necken
Damgarden	Damgarten, Kleinstadt westlich Stralsunds
Drapen	Tropfen
eck, öck	ich
Ellern	Erlen
Framheit	Güte, Liebenswürdigkeit
Fransch, up Fransch	französisch
Haken	Hakenpflug. Hiermit wird der Boden durch Aufreißen der Erde gelockert, die Schollen aber nicht wie

	beim modernen Pflug gewendet bzw. umgeworfen. Das dazugehör. Verb = haken.
hartaget	ärgert
haselierig	schlau, gewitzt
Hester	Elster
Hewenrann'	Himmelsrand
Hönerwiemen	Hühnerboden, Hühnerstall
jaapen	gaffen
käkeln (kakeln)	»gackern«, meckern
kallen	sich unterhalten, meist in fröhlicher und ausgelassener Weise
kettelhaarig	leicht reizbar
Kompeer (frz. compère)	Taufpate, Gevatter, Anrede unter guten Bekannten
laten	aussehen
Lewark	Lerche
Lüt, dat Lüt	hier: Mädchen
lütje Lief	Schnürleib
lure	lautere (von Lauterkeit)
Lüsch	Schilf, Schilfband
Maddik	Regenwurm
mee	mit
Mettken	im Herbst, im Altweibersommer, umherfliegende Spinngewebe
Mümmelken	Verkleinerungsform zu ›Mummel‹ – Seerosenart

Murmeldeert	Murmeltier
narends	nirgends
Parr	Pfarrer, Pastor
Pissetter	Beisitzer; hier: Erzieher (Präzeptor)
Plümen	mit Flaumfedern gefüllte Kissen
Poll	Haarschopf
praten	plaudern
quaddlig	böse, schlimm
raart (rohrt)	weint
Ruhrsparling	Rohrsperling
Schöer	Scherben
Sell	Geselle, Junge
Släif	großer Löffel
smacken	schmollen
snükern	schnüffeln
Soll	runder Teich
splitterdull	»splittertoll« – rasend
Strietschoh	Schlittschuhe
Swälk, Swölk	Schwalbe
Tewe, Teew	Hündin
treer	trat
Tüffel	Holzpantoffel, auch Pantoffeln aus Filz oder anderem Material
Tüffeln	Kartoffeln; auch Plural zu ›Tüffel‹ – Pantoffel
use, üs	unser, uns
Vaar	Vater
vaken	oft

van fehrens	von ferne
Velten	Vermengung des Vornamens Valentin mit ›Valant‹ – Teufel
Vernöttinge	Verknüpfung
vörbast	verstört
Waatermöm	Wassermuhme, Wasserhexe, Wassergeist
Wälichheit	Ausgelassenheit, Vollkraft, Übermut
Warf	Gewerbe, Sendung, Ausrichtung
warter (ward dar)	wird da
Wasch	Gewässer, in dem frisch gewaschene Wäsche gespült wird
wohrschugen	warnen, in gewisser Weise auch: voraussagen

Inhalt

Für freundliche Genehmigung der Nachdrucke sei dem Eugen Diederichs Verlag, Köln (Lulu von Strauß und Torney), sowie Frau Brigitte Nachbar, Berlin, herzlich gedankt.